CAMINHOS DO RISO

Clara Rosa Cruz Gomes

CAMINHOS DO RISO

© *Copyright*, 2012, Clara Rosa Cruz Gomes

Todos os direitos reservados.
Editora Claridade Ltda.
Av. Dom Pedro I, 840
01552-000 – São Paulo – SP
Fone/fax: (11) 2168-9961
E-mail: claridade@claridade.com.br
Site: www.claridade.com.br

Coordenação: Juliana Messias
Revisão: Beatriz Simões e Lucas de Sena Lima
Capa: Viviane Santos sobre a obra *Gargantua* - Gustave Doré (1832-1883)
Editoração eletrônica: Eduardo Seiji Seki e Valquiria Santos

Dados para catalogação

Gomes, Clara Rosa Cruz
   Caminhos do riso – São Paulo : Claridade, 2012.
   102 p. : il. - (Saber de tudo)

   ISBN-978-85-88386-96-9

   1. Tecnologias educacionais   2. Ciências sociais   3. Teatro
4. Educação

CDD: 190

Índice sistemático para catalogação
027 – Bibliotecas gerais
027.625 – Bibliotecas infantis
027.8 – Bibliotecas escolares

Em conformidade com a nova ortografia.
Nenhuma parte deste livro pode ser reproduzida sem a autorização expressa da Editora Claridade.

Sobre o livro

Este livro discorre sobre o riso. Para abordá-lo, foram adotadas algumas alegorias, criadas a partir de imagens e sons da vida contemporânea. *Caminhos do Riso* em suas interrogações faz o leitor percorrer estradas inusitadas para encontrar o riso.

Sumário

Apresentação 9
1. Estrada da vida 13
2. Estrada da ciranda 37
3. Estrada da rosa 55
4. Estrada da cruz 72
5. Estrada da festa 84
Considerações finais 96
Iconografia 98
Filmografia 99
Outras leituras, outras visões 100
Sobre a autora 102

Apresentação

Esta pesquisa tem como título *Caminhos do Riso* porque percorro diferentes estradas para investigar o riso. O que deu nome a esse trabalho foi o filme de Fellini *A estrada da vida,* caminho que percorro no primeiro capítulo. Para estudar o riso foram criadas algumas alegorias tomadas emprestadas dentre as inúmeras imagens e sons que compõem a vida contemporânea.

Neste trabalho realizado na Faculdade de Educação da Universidade de Brasília, área de concentração de Tecnologias Educacionais, encontrei oportunidade para sistematizar minhas reflexões sobre o riso. Eu pude unir várias áreas de conhecimento de minha formação: artes cênicas, educação, ciências sociais. Na época em que cursava sociologia, consegui desenvolver um olhar agudo enquanto pesquisadora. O que aprendi de mais significativo foi acalentar uma profunda paixão para com o objeto de pesquisa, tendo momentos de observação, distância, reflexão e participação.

A experiência como atriz foi o que despertou em mim o desejo de escrever e de pesquisar o riso e saber suas fontes, origens e potencialidades.

Outras fontes que foram suportes a minha busca pelo riso e para o meu trabalho enquanto atriz e que me trouxeram reflexões e inspirações para os meus sonhos foram Herbert de Souza e Paulo Freire. Encontrei o sociólogo Herbert de Souza no Fórum do

10 Caminhos do riso

Pensamento Inquieto.[1] Herbert de Souza falava sobre democracia. Utilizei pela primeira vez o método Paulo Freire em um Grupo de Alfabetização de Adultos, coordenado pela UnB. Alfabetizávamos funcionários da limpeza da Universidade de Brasília (UnB).

Assumi a disciplina de Artes em escolas de Ensino Fundamental e Ensino Médio. Observei a importância do riso para o aprendizado do aluno, uma vez que o riso desperta o interesse e o prazer do educando em aprender. A motivação e o desejo de aprender geram maior aprofundamento no conteúdo porque propiciam concentração, participação, dedicação e divertimento no aprender.

Certa vez, fui convidada a visitar uma escola para contar histórias indígenas. Nessa escola, parecia que todas as áreas de conhecimento estavam integradas em brincadeiras e jogos. Quando cheguei lá, elas estavam fazendo uma oca com galhos de árvores e bambus e dentro dessa oca contei histórias. Percebi a sensibilidade delas em relação à natureza. Essas crianças, na verdade, eram integradas à natureza. O riso estava no bem-estar dessas crianças.

Descobri com a oralidade, ouvindo histórias, que ensinar é uma palavra de origem cigana que significa colocar o outro em sua sina. A educação, ao servir a esse propósito, faz que o educando descubra e siga o seu próprio caminho. A dimensão da educação passa a estar a serviço da liberdade e da criatividade, formando pensadores diferentes e capazes de, com sua subjetividade, expressar e intervir no meio em que vivem.

Ao pesquisar o riso, deparo com interrogações e inquietações que me fazem percorrer diferentes estradas: qual a relação entre o riso e o choro? E entre a opressão e o riso? Qual a relação entre o erro e o riso? E entre a democracia e o riso? Qual a relação entre o riso e o tempo? O riso é proibido? Como são os diferentes risos:

---

[1] Fórum do Pensamento Inquieto. Universidade de Brasília. Organização: Clodomir de Souza Ferreira, João Antonio de Lima Esteves e Laura Maria Coutinho, 1992.

ironia, humor, riso grotesco? Qual a diferença entre o riso artesanal e o industrial? Como seria o riso festivo? Essas perguntas são refletidas levando-nos a pensar sobre a contemporaneidade e convidam o leitor a percorrer algumas estradas onde estarão imagens e sons que o ajudarão a investigar o riso. Nessas estradas, aprofundo inúmeras imagens e faço novas descobertas. Na primeira, *A estrada da vida,* estrada que percorro com Federico Fellini, o riso se relaciona com a figura do palhaço, repercutida na relação entre os personagens Geosomina e Zampano, que são artistas mambembes de circo. Na segunda estrada, o riso é estudado no movimento das cirandas, nas pinturas *Ronda Infantil,* de Cândido Portinari, e *Alegoria e Efeitos do Bom Governo,* de Ambrogio Lorenzetti. Na terceira estrada, me reporto à história do riso e reflito a respeito do riso na atualidade, caminho pelas imagens e sons dos filmes *O nome da Rosa,* baseado na obra homônima de Umberto Eco, e *Ladrões de sabonete,* de Maurizio Nichetti. Na quarta estrada, observo as características de diferentes risos e as suas ambiguidades, percorrendo o universo da imagem de Bosch na obra *Cristo Carregando a Cruz.* Na quinta estrada, estudo o riso festivo ao adentrar na obra *O Enterro da Sardinha,* de Goya.

Estrada da vida

O filme *A estrada da vida*[2] permitiu que eu começasse a percorrer uma estrada a caminho do riso. Muitas perguntas surgiram – será que para o riso ter sentido é preciso haver tristeza, ou alguma dor?

O filme *A estrada da vida* trata da dificuldade da vida de artistas mambembes representados pelos personagens de Anthony Quinn, como Zampano; de Giulietta Masina, como Geosomina; e de Richard Basehart, como o Louco. Todos eles, Zampano, Geosomina e o Louco são figuras tristes, oprimidas e solitárias que levam uma vida de pobreza e dificuldades. São artistas de circo que sobrevivem rodando chapéu a cada apresentação que fazem. A relação que se estabelece entre eles e as suas características faz lembrar uma clássica dupla de palhaços.

Para o ator, pesquisador e fundador do Lume, Luís Otávio Burnier, a figura do palhaço comparece em vários momentos da história da humanidade. "Os tipos característicos da baixa comédia grega e romana; os bufões e bobos da Idade Média; os personagens fixos da *commedia dell'arte* italiana; o palhaço circense e o *clown* expressam a mesma essência: colocam em exposição a estupidez do ser humano, relativizando normas e verdades sociais."[3]

---

[2] *A estrada da vida*. Direção: Federico Fellini. Itália, 1954.
[3] BURNIER, Luís. *A arte secreta do ator: da técnica à representação*. Campinas, SP: Editora da Unicamp, 2001, p. 206.

O palhaço representa o marginal, aquele que, por não ter nada a perder ou por ser o perdedor, brinca com as instituições e os valores oficiais. Ele brinca, afastando-se dos padrões e das regras sociais já a partir dos traços físicos e psicológicos que o caracterizam, e isso lhe dá o poder de zombar de tudo impunemente.

Zampano e Geosomina representam essa figura marginal e traços de pessoas simples e humildes pelos trajes que vestem, pelos remendos em suas roupas, pela forma como se alimentam. Suas características se relacionam com a origem da palavra *clown*. Bolognesi, filósofo brasileiro estudioso de circo, define *clown* como uma palavra inglesa e sua raiz etimológica teria o sentido aproximado de homem rústico, do campo.

Os personagens do filme *A estrada da vida* aparecem, também, com características semelhantes às do bufão. O bufão é um ancestral do palhaço. O *clown* seria um herdeiro do bufão porque também é uma espécie de marginal. As características e comportamentos do bufão aparecem no *clown*, mas de maneira tênue. O bufão representa o sujo, o feio, o marginal. O bufão carrega e revela a dor da humanidade em suas deformações e caracterizações. "O bufão é um ser marginal e marginalizado. Tradicionalmente, ele tem deformações físicas [...] Essas deformações são como a somatização das deformações humanas interiores, das dores da humanidade [...] O bufão é grotesco. É malicioso e ingênuo, puro e cruel, romântico e libidinoso."[4] Zampano e Geosomina apresentam características semelhantes a dos bufões, por serem pessoas marginalizadas e por figurarem desejos complementares, pois a crueldade e o lado malicioso são associados a Zampano, enquanto a pureza e o romantismo, a Geosomina.

O palhaço contraria os padrões sociais de beleza, riqueza e poder e os expõe ao riso. Zampano e Geosomina refletem esse

---

[4] *Ibidem*, p. 216.

Clara Rosa Cruz Gomes

Cartaz do filme *A estrada da vida*. Direção: Federico Fellini. Itália, 1954.

universo que tem uma forte ligação com a fragilidade da natureza humana pelas características de seus personagens. Renato Ferracini, ator e pesquisador colaborador do Lume, desenvolve pesquisas práticas em codificação, sistematização e teatralização de técnicas corpóreas e vocais não interpretativas para o ator. Ele define o *clown* como lírico, inocente, ingênuo, angelical, frágil e essas energias/emoções devem fazer parte do corpo do ator. O ator deve buscar essa energia e transformá-la em corpo. No filme, Zampano representa a força, o poder. Em seu número, ele é o homem de aço que tem uma força sobre-humana e consegue quebrar uma corrente de ferro. Geosomina seria o seu oposto e complemento, o ser delicado e submisso.

Há, no universo do palhaço, uma clássica dupla, o *clown* branco e o *clown* augusto.[5] Essa dupla representa um arquétipo do poder em relações sociais e mesmo na esfera da intimidade de cada indivíduo: o branco que manda e o augusto que obedece, alegoria de forças contraditória da psique humana. O *clown* branco seria o opressor e o *clown* augusto, o oprimido. O branco é o que tem poder e explora o augusto. O branco representa a ordem, as coisas como devem ser. O augusto é o submisso e representa o caos, a desordem, a imperfeição. Geosomina e Zampano formam essa dupla de *clowns*, Zampano seria o branco e Geosomina seria o augusto. O riso nasce da relação entre esses dois tipos de *clown*, nos conflitos entre a ordem e a desordem. A desordem de Geosomina está em suas falhas, em sua deselegância e no seu jeito distraído e atrapalhado de ser. "O *clown* branco ainda pretenderá que o augusto seja elegante. Mas quanto mais autoritária for essa intenção, mais o outro se mostrará mal e desajeitado."[6]

---

[5] Fellini, no seu filme *I clowns* (1970), explora as diferenças dos *clowns* branco e augusto. Existem muitas lendas sobre a origem dessa clássica dupla de palhaços.
[6] FELLINI, Federico. *Fellini por Fellini*. Porto Alegre: L&PM, 1974, p. 2.

Mazzaropi, em seus filmes, representa um *clown* augusto. Em *Chico Fumaça*,[7] Mazzaropi faz um tranquilo caipira, que em suas tardes observava os trens passarem. Um dia evita, com o risco da própria vida, um acidente ferroviário e torna-se herói. Campbell, uma das maiores autoridades de nosso tempo no campo da mitologia, define o herói como alguém que deu a própria vida por algo maior que ele mesmo. O palhaço apresenta diferenças em relação à figura heroica porque carrega o erro, a falha, a impotência. O caipira Chico Fumaça se tornou um herói até o momento em que, bêbado, começou a atirar para todos os lados. No fracasso do palhaço está a sua mensagem e a sua capacidade de mostrar o quanto somos imperfeitos. "Não haveria proeza heroica se não houvesse um ato supremo de realização. Eventualmente acontece de um herói fracassar, mas este será normalmente representado como uma espécie de palhaço, alguém com pretensões além do que pode conseguir."[8] O ato supremo de realização heroica do palhaço seria o fracasso, o fato de ser um perdedor. O heroísmo do palhaço estaria nas revelações das dificuldades e deficiências humanas.

O palhaço é uma figura contrária à narcisista. A figura narcisista representa culto exacerbado ao perfeito, ao belo e, modernamente, ao consumo. Lipovetski, filósofo francês e pensador crítico sobre a contemporaneidade, define o narcisismo como "o surgimento de um perfil inédito do indivíduo nas suas relações consigo mesmo e com o seu corpo, com os outros, com o mundo e com o tempo no momento em que o capitalismo autoritário cede lugar a um capitalismo hedonista e permissivo."[9] O palhaço revela o feio, a fome, a miséria, a simplicidade e talvez, por isso, traga consigo uma profunda esperança e transformação.

---

[7] *Chico Fumaça*. Direção: Victor Lima. Brasil, 1958.
[8] CAMPBELL, Joseph. *O poder do mito*. São Paulo: Athena, 1990, p.135.
[9] LIPOVETSKY, Gilles. *A era do vazio: ensaio sobre o individualismo contemporâneo*. Barueri, SP: Manole, 2005, p. 32.

Caminhos do riso

O palhaço seria uma antítese do culto ao corpo e vai contra valores narcisistas por permitir o feio, o desproporcional, o fora do padrão e o estranho. Assim, segundo Lipovetski:

> A dificuldade maior representada pelo cortejo de solicitudes e cuidados dos quais o corpo se encontra rodeado, promovido assim a um verdadeiro objeto de culto. Trata-se de um investimento narcisístico do corpo diretamente demonstrado por mil práticas diárias [...] o narcisismo resultado desse novo imaginário social do corpo.[10]

Para o sociólogo francês contemporâneo Baudrillard, há toda uma economia dirigida para esse culto narcisista. "Esse neonarcisismo está ligado à manipulação do corpo como valor. Trata-se de uma economia dirigida do corpo."[11] O palhaço ridiculariza o belo, o perfeito, a arrogância da sociedade por ser uma figura estranha a tudo isso.

No filme *I clowns*,[12] Fellini mostra a preocupação em pesquisar os palhaços, porque eles estão reduzidos na sociedade atual com o paulatino desaparecimento do mundo do circo. Fellini entrevista os mais importantes palhaços de sua época. O filme termina com a celebração e o enterro do palhaço, feito por outros palhaços. No enterro, um *clown* branco lê um discurso sobre o morto. Esse discurso aborda as características do palhaço que, diferentemente do herói, revelam o lado sombrio e as situações desgraçadas do próprio ser humano.

> Não é bonito, nem inteligente. Não pode dizer nada sobre ele porque a resposta seria água na cara. Ele é brigão, preguiçoso,

---

[10] *Ibidem*, p. 45.
[11] BAUDRILLARD, Jean. *A troca simbólica e a morte*. São Paulo: Loyola, 1996, p. 150.
[12] *I clowns*. Direção: Federico Fellini. Itália, 1970. Documentário feito para televisão.

trapaceava no jogo, era infiel aos amigos, atormentava o seu locador, a companhia de gás e de eletricidade. E todos choram a notícia triste de que ele morreu agora, ao invés de chorar o minuto que ele nasceu. Na sua vida longa e desonesta ele foi dedicado em jogar água na cara, ovos podres na cabeça e sabão na boca. Ele toca o tambor com os pés. Ele fazia as crianças sorrir e as suas próprias chorar. Nunca se desviou de sua carreira grotesca e de bêbado. Ele continuava a ficar tropeçando sobre um chuveiro de ovos podres e água suja. Até que ele foi sufocado por ovos de avestruz que entraram pelo nariz e bloquearam sua artéria principal dando a falência dos pulmões e sua alma saiu pelo seu ouvido direito. Ele já não vive mais. Felizmente, eu vivo. Chorem meus irmãos. Quanto a mim, eu estava cheio dele.[13]

No início do filme *I clowns,* Fellini representa o temor de crianças em relação à figura do palhaço em razão das expressões enigmáticas, das máscaras bêbadas e tortuosas, de seus gritos, das gargalhadas loucas e dos absurdos de brincadeiras que parecem fazer lembrar um personagem estranho e com problemas.

A inspiração do palhaço nasce frequentemente de alguma dor, de algum sofrimento ou de algum desespero. Para o filósofo francês contemporâneo Comte-Sponville, que estuda as virtudes, a coragem se dá "quando não há mais nada a esperar, não há mais nada a temer: eis toda a coragem disponível, e contra toda esperança, para um combate presente, para um sofrimento presente, para uma ação presente".[14] O palhaço é portador de mensagens eventualmente exemplares, frutos de um conhecimento experimentado que, por meio do riso, faz refletir sobre as dificuldades

---

[13] Fragmento extraído do filme *I clowns*. Direção: Federico Fellini. Itália, 1970. Documentário feito para televisão.
[14] COMTE-SPONVILLE, André. *Pequeno tratado das grandes virtudes*. São Paulo: Martins Fontes, 1999, p. 65.

do próprio ser humano. O riso do palhaço significa também um ato de coragem. No filme *A estrada da vida,* Geosomina apresenta o riso por meio da graciosidade de sua relação de submissão a Zampano. Há uma aproximação e um limite entre o riso e o choro. O objetivo do palhaço é fazer rir, mas ele ocasionalmente também faz chorar, quando, ao testar o limite da dor, a supera na forma de humor. Geosomina, por sua aparência e suas atitudes, é engraçada, mesmo sendo uma personagem tão sofrida.

Quem trabalha para fazer rir revela a vulnerabilidade humana. A dificuldade dessa tarefa está no desnudamento do perfeito, do ser superior. A figura cômica, no mais das vezes, não encarna a figura de herói justamente por revelar a fragilidade humana. O filme *A viagem do Capitão Tornado*[15] trabalha com os elementos sexo, morte, poder e amor. O filme repercute os personagens da *commedia dell'arte*[16] e um pouco da história desse gênero teatral por intermédio da vida de atores mambembes. Dario Fo, ator italiano, dramaturgo contemporâneo e teórico de teatro, torna atual a antiga *commedia dell'arte* e afirma que as figuras cômicas, retratadas nesse gênero de comédia, abordam temáticas acerca da fome. Diz Dario Fo:

> Eles falam da fome: fome de comida, fome de sexo, mas, também, fome de dignidade, fome de identidade, fome de poder [...] há duas possibilidades: ou ser dominado, e então nós temos aquele submisso, o bode expiatório, como na *commedia dell'arte*; ou dominar e então nós temos o chefe, [...] o que dá ordens, aquele que insulta, aquele que faz e desfaz.[17]

---

[15] *A viagem do Capitão Tornado*. Direção: Ettore Scola. Itália, 1990.
[16] A *commedia dell'arte* nasceu na Itália por volta do século XVI. Sua principal característica está em um teatro popular, baseado no improviso e com personagens-tipos: o servo – o Arlequim, o Briguela ou Pulcinella, o patrão – o Pantaleão, o intelectual – o Doutor, os apaixonados – os Enamorados.
[17] DARIO FO, "Qu'est qu'un *clown*?" In: FABBRI, J.; SALLÉE, A. (Org.) *Clowns et farceurs*. Paris: Bordas, 1992, p. 83.

Clara Rosa Cruz Gomes

No filme *A estrada da vida*, o equilibrista da corda bamba, que se chama Louco, tem uma função equivalente à do bobo medieval. Minois, historiador francês, afirma que o bobo medieval tinha o papel de orientar o rei. O bobo revelava verdades para relativizar normas e orientar o rei em sua conduta. Nessa comparação, o rei seria Zampano, o qual aparenta uma prepotência que se sobressai pela força, pela opressão. O Louco ridiculariza Zampano quando explicita o quão limitado ele é com o seu pouco repertório de espetáculo e enquanto homem de aço. Essas verdades ferem Zampano, que tem dificuldade de lidar com elas. O Louco revela essas verdades a Zampano, que se recusa a escutá-lo. Afirma Minois:

> O bobo do rei existe para fazer rir. É a sua função primeira. Se o riso que ele provoca é importante, é porque traz consigo o que falta nos círculos do rei: a verdade. Excluído da realidade [...] o soberano conhece a verdade por meio do bobo – sobretudo a verdade que fere e que um homem sensato não ousaria revelar.[18]

O bobo é uma figura que também carrega a inocência. A inocência se relaciona com a ingenuidade transparente em sua simplicidade, franqueza e sinceridade. Os palhaços apresentam uma ingenuidade enganadora. Para Freud, pai da psicanálise, essa ingenuidade apresenta as atitudes "como ingênuas de modo a poder desfrutar uma liberdade que de outra forma não lhe seria permitida".[19] O Louco tenta em sua ingenuidade enganadora indicar os limites de Zampano. O Louco contrapõe o poder de Zampano. O Louco seria o alívio de toda espécie de repressão e tensão por meio das pilhérias. "O bobo lembra ao rei que ele é mortal, para evitar a embriaguez do poder solitário [...] O bobo é a contrapartida

---

[18] MINOIS, Georges. *História do riso e do escárnio*. São Paulo: Unesp, 2003, p. 231.
[19] "Os chistes e sua relação com o inconsciente". *Obras psicológicas completas de Sigmund Freud.* (Edição *standard* Brasileira). V. 8. Rio de Janeiro: Imago, 1996, p. 174.

à exaltação do poder porque ele é o único que pode dizer tudo ao rei. Sob a proteção da loucura e, portanto do riso, ele está autorizado a dizer tudo. A verdade passa a ser a loucura do riso."[20] O Louco, consciente das atitudes de Zampano, o despiria de toda a sua arrogância e prepotência.

Para Minois, a figura do bobo medieval "assume simbolicamente a subversão, a revolta, a desagregação, a transgressão [...] indica ao rei os limites de seu poder".[21] Segundo Minois, essa figura desapareceu com os governos absolutistas, autoritários, em que o rei não queria mais essa figura para orientá-lo. Zampano, representando o rei autoritário, mata o Louco.

Zampano tenta sobreviver com os seus números, mesmo que sejam limitados. Apesar de aparentar uma autossuficiência, força e poder, tem uma vida difícil, mas conseguiu espaço, como o Louco, para trabalhar no circo. O Louco seria um intermediário entre o poder opressor de Zampano e a submissão de Geosomina.

O poder do bobo está em orientar o rei por intermédio do riso provocado. O bobo podia dizer as verdades porque não ameaçava e nem concorria com o poder do rei, o que é diferente do personagem Louco, de Fellini, porque este trabalha na mesma área profissional de Zampano: ambos são artistas de circo. Zampano, para conseguir vencer a briga com Louco, o ameaça de morte. O Louco atrapalhou sua apresentação quando o ridicularizou. Existe uma relação entre morte e poder. Para o sociólogo Baudrillard "é a repressão da morte, e é social, no sentido de ser ela que opera a virada rumo à socialização repressiva da vida [...] todas as formas de poder terão sempre um pouco desse odor ao seu redor, porque é na manipulação, na administração da morte, que o poder se funda em última instância".[22]

---

[20] MINOIS, 2003, p. 231.
[21] *Idem*, p. 232.
[22] BAUDRILLARD, 1996, p. 177.

O personagem Louco questiona e interroga Zampano e Geosomina em relação às suas posturas, comportamentos e atitudes. Ele não apresenta nenhuma solução, somente deixa dúvidas e confusão. Para Chevalier, estudioso de símbolos, o Louco se desligou da totalidade humana e material para avançar mais à frente. Ele seria o vazio e separa o ciclo completo do ciclo que vai começar.

O humor e a ironia na figura do Louco são atitudes permitidas com a relatividade das coisas, descolando-se da rigidez e do fanatismo. Erasmo de Roterdam, filósofo francês do século XV, faz uma sátira extraordinariamente interessante sobre a loucura, em que os poderosos de seu tempo e os homens da igreja são criticados profundamente pela ironia do escritor. "Observes e ridicularizes os acontecimentos da vida humana [...] esta loucura que estás vendo é a única capaz de alegrar os deuses e os mortais."[23] A conclusão das palavras de Erasmo de Roterdam é que as conveniências, as relações entre as pessoas e a sociedade não seriam possível sem a loucura. A loucura seria necessária para propor algo novo. Essa é a função do Louco no filme de Fellini.

Erasmo afirma que o pai da loucura seria Plutão, que cria, destrói e governa todas as coisas sagradas e profanas. Para Chevalier e Greerbrant, importantes estudiosos contemporâneos sobre a linguagem simbólica, Plutão seria o símbolo das profundezas de nossas trevas interiores.

Voltando ao filme, a argumentação da loucura seria irônica e humorística e o seu humor aumenta com a seriedade de Zampano. Para Erasmo, seria um grande prazer ser louco quando se deseja sê-lo. Essa seria a diferença entre a loucura de Geosomina e a do Equilibrista: o fato de um desejar sê-lo e o outro não. A loucura dos dois é fruto de algum sofrimento e, quando brincam, superam esse sofrimento. Erasmo aponta que a loucura permite o brincar e

---

[23] ROTERDAM, Erasmo de. *Elogio da loucura*. Rio de Janeiro: Technoprint, 1980, p. 23.

o prazer. "De quem, se não a mim, que lhe concedo a graça amalucada e, por conseguinte, de gozar e de brincar? [...] só a loucura tem a virtude de prolongar a juventude, embora fugacíssima, e de retardar bastante a malfadada velhice."[24]

A simbologia do deus Dioniso também não é alheia à loucura, no sentido de permitir a liberdade, o caos, a criatividade, o sair da ordem estabelecida. Para Chevalier, Dioniso simboliza a ruptura das inibições, das repressões, dos recalques, seria as forças obscuras que surgem do inconsciente. "É o deus que preside aos excessos provocados pela embriaguez [...] simbolizaria então as forças de dissolução da personagem: a regressão para as formas caóticas e primordiais da vida."[25]

No filme *A estrada da vida*, Geosomina revela a dor, a miséria, a solidão e o sofrimento humano. O riso dela nos revela sua fragilidade e sua ingenuidade diante de tanta opressão. Ela enlouquece e morre, desnudando a crueldade de Zampano. Geosomina tinha uma profunda fidelidade a Zampano. Escreve Comte-Sponville: "A fidelidade é virtude de memória. [...] É este o dever da memória: piedade e gratidão pelo passado. [...] Fidelidade é amor fiel, o uso comum não se engana a esse respeito, ou só se engana enganando-se o amor."[26]

A Geosomina de Fellini se assemelha a uma criança sensível, delicada, ingênua, que depende de cuidados e proteção, que não consegue sobreviver ao deparar com a solidão e a crueldade da vida. Ela tem uma postura infantil por crer na dependência em relação a Zampano, por ser submissa e a não aprender a viver sozinha.

Geosomina em muitos momentos está desprotegida. Ela sempre revela a sua fragilidade, o seu lado infantil, a sua estupidez, a sua loucura, a sua ingenuidade quando se relaciona com outras personagens do filme.

---

[24] *Ibidem*, p. 37.
[25] CHEVALIER, Jean. *Dicionário de símbolos*. Rio de Janeiro: José Olympio, 1999, p. 341.
[26] COMTE-SPONVILLE, 1999, p. 29.

O palhaço trabalha com a excentricidade, com o ser esquisito, com a loucura, com uma lógica que foge aos padrões convencionais. O nariz vermelho utilizado pelo palhaço seria sua máscara protetora. O nariz vermelho talvez seja a menor máscara do mundo. O nariz do palhaço tem um formato circular "em sua qualidade de forma envolvente, qual circuito fechado, o círculo é um símbolo de proteção, de uma proteção assegurada dentro de seus limites."[27] Com essa máscara, o palhaço se sente protegido para se expor e se revelar. O nariz apresenta cor vermelha, o que evidencia grande emoção. "A cor vermelha leva em si os dois mais profundos impulsos humanos: ação e paixão, libertação e opressão."[28] O nariz vermelho permite ao palhaço expressar-se livremente e ser ridículo.

O palhaço precisa saber a hora de colocar e tirar o nariz, porque não é sempre que convém ser ingênuo, inocente e louco. Para ser palhaço, há necessidade de inteligência e maturidade para saber a hora de cumprir o seu papel social. Geosomina não tem a consciência do seu nariz vermelho quando resolve ficar tocando o tempo todo o seu trompete e a música que aprendeu. Isso a leva à loucura e à morte. O riso de Geosomina causa abalo ou incômodo na crueldade de Zampano. A sua morte provocará mudança profunda em Zampano, e simboliza a própria condição para o progresso e para a vida.

Em geral, para se conseguir a máscara do palhaço, torna-se preciso passar por um processo iniciático. A origem do uso de máscaras pelo homem se relaciona a cultos sagrados e rituais religiosos. Para Burnier, o *clown* passa por algo parecido, vivencia um processo particular, difícil e doloroso que lhe imprime uma identidade.

A máscara do palhaço, pela identidade com a manifestação teatral que essa figura representa, seria para o ator o próprio objetivo de representação. Essa máscara se caracteriza como libertadora e

---

[27] CHEVALIER, 1999, p. 254.
[28] *Ibidem*, p. 946.

opera como deflagradora de catarse. "A máscara não esconde mas revela, ao contrário, tendências inferiores, que é preciso pôr a correr. Nunca se utiliza nem manipula a máscara impunemente."[29]

A máscara do palhaço exigiria cuidados especiais e domínio de técnicas específicas; e é perigoso para o ator a identificação contínua com ela, por revelar suas fragilidades subjacentes. Muitas culturas que utilizam máscaras também alertam para esse cuidado; "as máscaras da dança do *trot* são objeto de cuidados especiais; caso contrário, seriam perigosas para os portadores".[30]

Sobre as divindades grotescas e engraçadas que aparecem em rituais de diferentes culturas, Campbell aponta para o fato de essas figuras fazerem olhar para além delas. Elas simbolizariam as imperfeições e a própria vulnerabilidade: "eu não sou a imagem última, deixo transparecer alguma outra coisa. Olhe através de mim, da minha forma engraçada."[31] Essas figuras se assemelham à figura do palhaço. As máscaras utilizadas pelos iroqueses apresentam a criação falha e representam o papel de cura, "sua função é essencialmente médica; elas preveem e curam tanto as doenças físicas como as psíquicas. Nos ritos praticados, os homens mascarados representam a criação falha (anões, monstros, etc.)".[32] A função da máscara do palhaço se relacionaria com uma possível consciência e integração do ser com as falhas humanas.

Percebe-se um papel social na utilização das máscaras quando elas fazem o homem perceber o seu lugar no universo ao participar de um drama coletivo.

> As máscaras preenchem uma função social: as cerimônias mascaradas são cosmogonias representadas que regeneram o tempo

---

[29] CHEVALIER, 1999, p. 596.
[30] *Ibidem*, p. 596.
[31] *Ibidem*, p. 229.
[32] *Ibidem*, p. 596.

e o espaço: elas tentam, por esse meio, subtrair o homem e todos os valores dos quais ele é depositário da degradação que atinge todas as coisas no tempo histórico. Mas são também verdadeiros espetáculos cartáticos, no decurso dos quais o homem toma consciência de seu lugar dentro do universo, vê a sua vida e a sua morte inscritas em um drama coletivo que lhes dá sentido.[33]

A máscara é identificada como mediadora entre duas forças: uma que se identifica com a aparência do que ela representa e a outra, com o portador que a manipula. "A máscara e seu portador se alternam e a força vital que está condensada dentro da máscara pode apoderar-se daquele que se colocou sob a sua proteção."[34] Nessa perspectiva, a máscara coloca o ator em contato com uma realidade profunda: "o ator que se cobre com uma máscara se identifica, na aparência [...] com o personagem representado."[35]

No filme *A estrada da vida,* quando Zampano inicia Geosomina na arte de ser palhaça, ela revela sua dificuldade rítmica e de tocar instrumento. Essa dificuldade se transforma em sua potencialidade. O difícil para ela passa a ser o engraçado para o público. Geosomina, quando ensaia uma cena com o equilibrista, concretiza o riso para o público por meio da música que ela toca no trompete. Quando Zampano abandona Geosomina, a deixa com o trompete. A música passa a ser o seu jeito de se expressar. Geosomina, se tivesse consciência de sua palhaçada, construiria cenas com a música.

Os personagens Carlitos e Geosomina parecem espontâneos na sua forma engraçada. Tanto Charles Chaplin como Giulietta Masina têm um profundo conhecimento e repertório de técnicas para construir seus personagens palhaços. Aqui saliento um outro

---

[33] *Ibidem,* p. 597.
[34] *Ibidem,* p. 597.
[35] *Ibidem,* p. 598.

aspecto possível do riso: ser algo racional, quer dizer, ele é elaborado e pensado. O riso se relaciona com uma inteligência tanto do ator que o cria quanto do público que entende e ri. Tanto o personagem Carlitos, no filme *O circo*,[36] como a personagem Geosomina, no filme *A estrada da vida,* demonstram uma falta de consciência em relação ao seu lado ridículo e engraçado. Na cena em que outros palhaços tentam ensinar a Carlito como fazer o riso, ele faz tudo errado, sujando todos, inclusive o dono do circo, que o manda ir embora. A beleza deste palhaço está nas suas imperfeições. Ele se torna a estrela principal do circo porque é diferente dos outros palhaços. Os palhaços, nesse filme, reproduzem cenas tradicionais, e Carlitos se distingue deles por ter uma lógica individual para a realização de seu trabalho no espetáculo e por trazer consigo elementos próprios e singelos. Não reproduzindo os números tradicionais, os recria com a sua graciosidade e poesia. O ridículo, as dificuldades, a espontaneidade e as falhas são próprias de Carlitos. "O palhaço é a figura central dos espetáculos nos pequenos e médios circos, em qualquer uma de suas modalidades. Ele é responsável pela insolência e irreverência, que é capaz de satirizar a todos e a tudo, especialmente as instituições."[37]

No filme *A estrada da vida*, o equilibrista é também como um Anjo que quer proteger Geosomina. O equilibrista como Anjo surge como aqueles "seres intermediários entre Deus e o mundo [...] ocuparia para Deus as funções de ministro: mensageiros, guardiões, condutores de astros, executores de leis, protetores dos eleitos. [...] O anjo, em sua qualidade de mensageiro, é sempre portador de uma boa notícia para a alma."[38] O equilibrista desperta o amor de Geosomina por significar para ela uma possibilidade de

---

[36] *O CIRCO*. Direção: Charles Chaplin. EUA, 1928.
[37] BOLOGNESI, Mário F. *Palhaços*. São Paulo: Unesp, 2003, p. 53.
[38] CHEVALIER, p. 61.

mudança; ele ensina uma nova cena, uma nova música. Desperta em Geosomina o amor, a admiração e o prazer pela sua presença.

No livro *O banquete*, o filósofo grego Platão faz uma discussão e uma reflexão sobre o amor. Para o Sócrates de Platão, o amor aparece como o desejo sempre de possuir o que é bom. Platão define Eros, o deus que representa o amor, dentro da dualidade da pobreza e da riqueza, de ter e de não ter, de saber e de não saber. O amor é uma busca de algo que falta, que se não possui.

> Na qualidade de filho de Poros e de Pénia, Eros herdou características de ambas as partes. Em primeiro lugar, é pobre, e, longe do delicado e belo, como geralmente imaginamos, é rude, sujo, anda descalço, sem eira nem beira. [...] Assim imita a miséria de sua mãe, situação que é sua eterna companheira. Por outro lado herdou a natureza do pai, vive à procura do belo e do bom; é bravo, audaz, ardente, filósofo, bom caçador, mago habilidoso, e sofista. Por natureza não é mortal, nem imortal, mas, em um mesmo dia, ora está pleno de vigor e beleza, vivendo na abundância, ora pode morrer, depois renasce devido ao dom natural que herdou da linha paterna. O que adquire escapa-lhe, de maneira que nunca se encontra na pobreza, tampouco na riqueza. É por isso que Eros constitui o meio-termo entre a sabedoria e a ignorância.[39]

Para Comte-Sponville, Platão descreve o amor como uma "não perfeição plena, mas pobreza devoradora. É o ponto decisivo de que devemos partir. Ele cabe numa dupla definição: "o amor é desejo e o desejo é falta [...] o que não temos, o que não somos, eis os objetos do desejo e do amor".[40] No filme, Geosomina sentiria

---

[39] PLATÃO. *O banquete*. São Paulo: Rideel, 2005, p. 62.
[40] COMTE-SPONVILLE, 1999, p. 253.

amor pelo equilibrista por querer uma vida nova, diferente e feliz, pela possibilidade de mudar de vida.

No amor estaria presente o risco, já que existe nele a felicidade, uma alegria prazerosa de encontro e realização, a alegria de amar e de ser amado. A tristeza corresponderia, então, à falta de amor.

> O amor pode ser frustrado, sofrer, estar de luto [...] Mas o amor está na alegria, mesmo que ferida, mesmo que amputada, mesmo que atrozmente dolorosa quando a magoam e não nessa ausência que a dilacera. Não é o que me falta que eu amo; o que eu amo é que, às vezes, me falta [...] Adeus Platão [...] considerando o amor em sua essência não há amor infeliz.[41]

Geosomina é infeliz por não ter amor, não somente o amor de um outro, mas também o dela para com ela mesma. O amor seria a conciliação dos opostos e a integração do ser. O amor se apresentaria como uma perspectiva de transformação de vida. O amor repousaria no equilíbrio entre forças opostas e antagônicas, seria o fim da opressão de Geosomina. Segundo Chevalier:

> O amor tende a vencer esses antagonismos, assimilar forças diferentes integrando-se em uma mesma unidade. [...] O amor seria a busca de um centro unificador que permitiria a realização da síntese dinâmica de suas virtualidades [...] O amor seria fonte ontológica de progresso, na medida em que seria efetivamente união e não só aproximação.[42]

O amor seria a integração do próprio ser e o respeito mútuo às diferenças. O sofrimento, no amor, acontece talvez por se querer tornar único algo que supõe a dualidade, a diversidade e o outro.

---

[41] *Ibidem,* p. 272.
[42] CHEVALIER, 1999, p. 47.

Clara Rosa Cruz Gomes

O amor para Geosomina poderia ser construído com respeito às dualidades em uma relação de amizade, em que pontificaria o diálogo, numa tentativa de encontrar harmonia, numa relação de igualdade na qual não haveria submissão.

> Daí o fracasso, sempre, e a tristeza, tão frequentemente. Eles queriam ser um só [...] se vê entregue a si mesmo, à sua solidão. [...] Ou, se escapa à tristeza, e isso acontece, é pelo maravilhamento do prazer, do amor, da gratidão, em suma, pelo encontro, que supõe a dualidade, e nunca pela fusão dos seres ou pela abolição das diferenças.[43]

Zampano perverte o sentido de amor e escraviza Geosomina, anulando toda a sua vontade, todo o seu desejo e o seu poder de decisão e de realização. "Quando o amor é pervertido, ao invés de ser o centro unificador buscado, torna-se o princípio da divisão e da morte. Sua visão consiste em destruir o valor do outro, numa tentativa egoística de escravizá-lo."[44]

Zygmunt Bauman, sociólogo polonês da atualidade, compara o amor ao capitalismo quando fala que até o amor virou uso de consumo e descarte.

> Eles não têm necessidades ou uso que possam ser justificados pela líquida racionalidade moderna dos consumidores. Vínculos e liames tornam "impuras" as relações humanas – como fariam com qualquer ato de consumo que presuma a satisfação instantânea e, de modo semelhante, a instantânea obsolescência do objeto de consumo.[45]

---

[43] COMTE-SPONVILLE, 1999, p. 251.
[44] CHEVALIER, 1999, p. 47.
[45] BAUMAN, Zygmunt. *Amor Líquido: sobre a fragilidade dos laços humanos*. Rio de Janeiro: Jorge Zahar, 2004, p.65.

O equilibrista revela a Geosomina um outro sentido de amor, o de "enriquecer o outro e a si mesmo por meio de uma doação recíproca e generosa que faz com que ambos cresçam, tornando-se ao mesmo tempo, cada vez mais eles-próprios. [...] O erro fundamental no amor é que uma parte se tome pelo todo".[46] Geosomina não estava pronta para esse amor e para realizar mudanças em sua vida. Segundo Bauman, para termos amor-próprio, precisamos ser amados. "O amor-próprio é construído a partir do amor que nos é oferecido por outros (...). Outros devem nos amar primeiro para que comecemos a amar a nós mesmos."[47]

No filme de Fellini, existe uma relação de amor entre oprimido e opressor, mas seria um falso amor, visto que eles não encontram a felicidade. Esse amor se cria pela ignorância, visto que o oprimido não conhece possibilidades para ser feliz. Para ser construído um verdadeiro amor seria preciso igualdade nas relações e que ninguém fosse superior ou inferior a ninguém. Seria tanto Zampano quanto Geosomina saírem de posturas infantilizadas e dependentes e quererem a superação de todo o sofrimento. Precisaria haver algum conflito para a construção do amor, porque as relações foram construídas pela força e pelo poder de dominação de um sobre o outro. Esse conflito se daria na tentativa desesperada de busca da felicidade.

O Louco que trabalha como equilibrista toca violino. Para o estudioso de música Pierre Marchand, o violino sugere instantes de amor e de intimidade. O instrumento de Geosomina seria um trompete, "os metais graves evocam os fantasmas vindos para assombrar, os infernos e todas as forças do mal".[48] Geosomina toca no trompete a música que aprendeu com o equilibrista, ela

---

[46] CHEVALIER, Jean. *Idem. Ibidem.*
[47] BAUMAN, 2004, p. 100.
[48] MARCHAND, Pierre. *A música dos instrumentos.* São Paulo: Melhoramentos, 1994, p.19.

reforça todo o sentido de transformação e de luta contra qualquer exploração e opressão. Essa música envolve e é presença marcante em todo o filme.

O Louco representa o equilíbrio e a leveza para encarar a vida e, também, representa o risco. O equilibrista é o elo entre o céu e a terra, a possível transformação. O riso do equilibrista se assemelha com o elemento ar. Conforme Chevalier: "O ar é símbolo de espiritualização. [...] O ar é a via de comunicação entre o céu e a terra. [...] É conquista de um ser outrora pesado e confuso que, graças ao movimento imaginário e escutando as lições da imaginação aérea, se tornou leve, claro e vibrante. [...] A liberdade aérea fala, ilumina, voa."[49]

O Louco provoca a briga quando joga água em Zampano por este proibir Geosomina de aprender uma cena nova, e isso leva Zampano a querer matá-lo e ir parar na prisão. Os dois foram expulsos do circo e Geosomina é convidada para ficar nele. Geosomina não sabe o que fazer de sua vida. Ela pensa que não serve para nada porque não sabe fazer nada. O Louco aparece e faz Geosomina pensar sobre o seu valor. O Louco desperta dúvida em Geosomina quanto ao amor de Zampano, e se ele a quer, seria porque ela deveria servir para alguma coisa. O Louco fala do risco que é sua vida. Geosomina pensa que sua maior utilidade seria acompanhar Zampano. O Louco tenta a conciliação entre os dois opostos, Geosomina e Zampano. O Louco leva Geosomina para esperar e acompanhar Zampano quando este for libertado da cadeia.

Em meio a tanta tristeza, há momentos de alegria em Geosomina quando contracena com o equilibrista. Ela demonstra prazer, descontração e divertimento quando está com ele. O amor se relaciona com o riso na medida em que nele está contida a felicidade. "E tampouco há felicidade sem amor. De fato, observemos que, se o amor é uma alegria que a ideia de sua causa acompanha, se todo

---

[49] CHEVALIER, 1999, p. 69.

amor, portanto, em sua essência, é alegre, a recíproca também é verdadeira [...] só há amor alegre, só há a alegria de amar."[50]

Geosomina tem pureza e graça em sua ingenuidade, e o poder de ser fonte de vida e de criação, mas também de morte e destruição, de impulsionar transformações e de realizar mudanças.

Geosomina se anula pelo fato de viver em um ambiente que não propicia a sua constituição como pessoa e ainda por não ter a consciência e o reconhecimento de suas possibilidades. Este reconhecimento significa uma força potente e avassaladora para uma vida promissora e feliz.

Em certo momento do filme, o equilibrista dá uma pedra para Geosomina. A pedra simboliza "elemento da construção, está ligada ao sedentarismo dos povos e a uma espécie de cristalização cíclica. [...] As pedras caídas são, além disso, instrumentos de um oráculo ou de uma mensagem".[51] A pedra significa a mensagem de transformação que o equilibrista quer passar para a vida dura e pesada de Geosomina.

A leveza do equilibrista, que vive nas alturas, está relacionada com a superação da opressão de Geosomina. A leveza do equilibrista se relaciona com o que seria "aéreo, vaporoso, ascensional [...] esses signos simbolizam uma aspiração a uma vida superior, a uma redenção da angústia já em fase de se realizar, a uma liberação que pode ser buscada ou por meio da evasão – seria uma leveza enganadora – ou pela superação – seria a leveza verdadeira".[52]

Geosomina se identifica com a pedra em estado bruto que está pronta para ser transformada, "a pedra bruta desce do céu; transmutada, ela se ergue em sua direção. O templo deve ser construído com pedra bruta".[53] O equilibrista representa ideias inovadoras

---

[50] COMTE-SPONVILLE, 1999, p. 273.
[51] *Ibidem*, p. 968.
[52] *Ibidem*, p. 547.
[53] *Ibidem*, p. 966.

talvez para romper paradigmas: "para fundar algo novo, ele deve abandonar o velho e partir em busca da ideia-semente, a ideia germinal que tenha a potencialidade de fazer aflorar aquele algo novo".[54] Essa ruptura de paradigma é difícil para Geosomina. Ela ainda não chegou a esse estágio de desenvolvimento e acompanha Zampano. O equilibrista representa o ser flexível. Ele seria aquele que apresentaria para Geosomina outro caminho.

Zampano representa a rigidez, aquilo que é sólido, que não se altera nem se afeta facilmente; firme, forte, resistente; que não está sujeito a falhar, a mudar, a ser abalado; inabalável, firme, estável; resistente, duro, sólido. Zampano seria vítima de toda uma vida sofrida, e isso seria a causa de sua frieza, rigidez e autoritarismo. Depois que Zampano sabe da morte de Geosomina, suas características rígidas vão se rompendo. Quando ele apresenta seu número, o homem de aço, ele perde a força de sua presença, aparentando estar cansado e esgotado de sempre repetir essa cena. O momento que mais demonstra o abalo da rigidez de Zampano seria o seu desespero ao final do filme. Nesse momento, bêbado, andando pela praia, também, apresenta características frágeis, solitárias, sofridas e infelizes.

O filme *A estrada da vida* representa a dificuldade de se construir o amor, a alegria e o riso. Há em Zampano, Geosomina e no Louco um riso que nos faz pensar sobre a própria vida e a existência.

A rigidez e o poder de Zampano, a submissão e a ingenuidade de Geosomina representam um modelo de opressão que existe na sociedade e dentro do indivíduo. O Louco, que procura transgredir a ordem, seria um personagem que representa o conflito existente para se sair da opressão. A morte do Louco no filme de Fellini simboliza entre outras coisas a fragilidade da democracia. O poder opressor e autoritário aparentemente triunfa. O riso do Louco supera o medo que se acredita ser perigoso ou opressor,

---

[54] CAMPBELL, 1990, p.145.

deixando-o ridicularizado. O ridículo em Zampano, Geosomina e o Louco causa riso quando relativiza a seriedade e revela defeitos e deformidades sociais. O ridículo neste riso desmascara a arrogância e a prepotência do ser humano. Verena Alberti, importante historiadora brasileira que pesquisa o riso, confirma essa ideia. Para ela "os conceitos pelos quais a razão 'pensa' a realidade estão sempre sujeitos a um desnudamento que revele sua falsidade, e esse desnudamento nada mais é do que o objeto do riso".[55]

---

[55] ALBERTI, Verena. *O riso e o risível na história do pensamento*. Rio de Janeiro: Zahar, 2002, p. 196.

Estrada da ciranda

Entro nessa estrada observando uma ciranda e querendo participar dela. Escuto uma música, "essa ciranda não é minha só. Ela é de todos nós. Ela é de todos nós". Nessa estrada, o riso será estudado tomando-se uma pintura de Portinari como alegoria. Na alegoria, os objetos simbólicos representam outros, em razão de que há possibilidades de muitas interpretações.

Na ciranda acontece um círculo que representa um pequeno cosmo, um elo que liga a todos. O psicanalista Carl Jung, estudioso dos símbolos, aponta que "o círculo representa o esclarecimento, a iluminação. Simboliza a perfeição humana".[56] Na ciranda, o riso se relaciona com o prazer e a alegria. As crianças estão unidas, rindo e se divertindo. Existe a igualdade e a cumplicidade entre elas. Na ciranda não existe distinção de classe social, raça, sexo. As pessoas dão-se as mãos e dançam, brincam e cantam. Nesse ato existe algo que nos une e nos fortalece. A ciranda invocativa da alegria, e como círculo, é símbolo da animação, da alma ou vida.

Esse círculo protetor da ciranda sugere um anel que está a rodar no chão. A ciranda propicia um sentido de integração entre a alma e o corpo. "O círculo protetor toma a forma, para o indivíduo,

---
[56] JUNG, Carl. *O homem e seus símbolos*. Rio de Janeiro: Nova Fronteira, 2002, p. 241.

Caminhos do riso

da argola, do aro, do bracelete, do colar, do cinto, da coroa. [...] Esses círculos desempenham o papel não apenas de adornos, mas também de estabilizadores que mantêm a coesão entre a alma e o corpo."[57] Esta coesão entre a alma e o corpo também propicia uma coesão entre todos que participam da ciranda, dando uma ideia de coletivo. A ciranda sugere uma unidade. Brincar exige concentração, a pessoa e o brinquedo seriam uma coisa só, o mundo ao redor está em total sintonia com a pessoa, há o inteiro. A brincadeira absorve todos os participantes de maneira intensa e total. Nessa ciranda, quanto mais a individualidade desaparece, mais se fortalece o coletivo.

Na ciranda todos os participantes são absorvidos pela brincadeira e isso possibilita sair da seriedade e se divertir. É uma atividade livre, agradável e exterior à vida habitual, que permite a criação de uma nova realidade. Para o filósofo Johan Huizinga, estudioso do lúdico, "o jogo é capaz [...] de absorver inteiramente o jogador. Nunca há um contraste bem nítido entre ele e a seriedade, sendo a inferioridade do jogo sempre reduzida pela superioridade de sua seriedade. É possível ao jogo alcançar extremos de beleza e de perfeição que ultrapassam em muito a seriedade".[58] A beleza da ciranda estaria em seu colorido, em sua música, na sua simetria e espontaneidade.

A ciranda, além da alegria da brincadeira, proporciona segurança e prosperidade ao grupo, e essa atitude faz com que os participantes se unam, se fortaleçam e criem uma nova realidade. Promove a formação do grupo, permitindo a criação de uma identidade própria. "As comunidades de jogadores geralmente tendem a tornar-se permanentes, mesmo depois de acabado o jogo [...] por partilhar algo importante, afastando-se do resto do mundo e recusando as normas habituais, conserva sua magia para além da duração do jogo."[59]

---

[57] *Ibidem*, p. 254.
[58] HUIZINGA, 1999, p. 11.
[59] *Ibidem*, p. 15.

Cândido Portinari. Ronda Infantil. Óleo sobre tela.
São Paulo, Brasil, 1932. Coleção particular.

A ciranda também simboliza os ciclos, de algo novo que vai se estabelecendo e, sendo uma roda, gira, transformando o tempo em eternidade. "Do círculo e da ideia de tempo nasceu a representação da roda, que deriva dessa ideia, e que sugere a imagem do ciclo correspondente à noção de um período de tempo [...] o simbolismo do círculo abrange o da eternidade ou dos perpétuos reinícios."[60] Reinício para algo novo, para uma possível transformação do todo e de cada um.

A ciranda acontece dentro de limites espaciais e temporais próprios, e suas regras são sempre reinventadas pelos participantes, o

---

[60] CHEVALIER, 1999, p. 253.

que permite fluência e continuidade à brincadeira. Um novo desafio vai se estabelecendo. O círculo da ciranda se relaciona com uma totalidade no tempo e no espaço. Para Campbell: "o círculo, por outro lado, representa a totalidade. Tudo dentro do círculo é uma coisa só, circundada e limitada. Esse seria o aspecto espacial. Mas o aspecto temporal do círculo é que você parte, vai a algum lugar e sempre retorna."[61] O círculo lembra o ciclo do tempo, da hora, do dia, do ano; quando termina, logo reinicia outra hora, outro dia e outro ano.

A ciranda sugere pensar sobre o conceito de tempo. "É o devir em via de devir: é a continuação mutável do presente, é a mudança continuada do ser. Dirão que essa definição é circular, já que o devir, a mudança ou a continuação supõem o tempo."[62] A forma cíclica seria um conceito dado ao tempo e não que ele seja assim: "este círculo é o próprio tempo ou, antes, seu conceito, que exatamente supõe: o devir, a duração, o presente. Isso não quer dizer que o tempo mesmo seja circular ou cíclico."[63]

O tempo refletido no presente seria portador de um sentido de eternidade, porém nunca repetida identicamente, sempre e contraditoriamente outra.

> Mesmo se o universo devesse periodicamente morrer e nascer [...] não haveria nisso nenhum eterno retorno: primeiro porque essas fases se desenrolariam sempre no presente [...] o presente nunca voltará, nem deixará de ser presente, pelo menos, na medida em que ele durar. Ele é ao mesmo tempo irreversível e eterno: é um eterno sem retorno.[64]

---

[61] CAMPBELL, 1990, p. 225.
[62] COMTE-SPONVILLLE, André. *O ser-tempo*. São Paulo, Martins Fontes, 2000, p. 140.
[63] *Ibidem*, p. 140.
[64] *Ibidem*, p. 140.

A ciranda que dura para sempre acontece em um tempo presente, e a alegria se relaciona à uma liberdade atemporal.

A necessidade de criar o conceito de tempo cronológico, quantitativo, está relacionada com o deus Cronos, que "tem o mesmo papel do tempo: devora, tanto quanto engendra; destrói suas criações; estanca as fontes da vida mutilando Urano. [...] Simboliza a fome devoradora da vida. [...] Com ele começa o sentido de duração, o sentimento de uma duração que se esgota".[65] Cronos faz com que a duração do tempo siga sua vontade e suas regras, simbolizando, assim, um tempo opressor. "Cronos é o soberano incapaz de adaptar-se à evolução da vida e da sociedade [...] é ele só que governa; [...] não concebe outra sociedade que não a sua. Para transformar-se, o mundo tem de revoltar-se [...] ou ele é expulso ou recusa servir a outra ordem além daquela que ele concebeu."[66]

Nas cirandas e nas brincadeiras, há uma outra ordem para o tempo, indeterminada, não opressora. Nelas estão o prazer e a qualidade do tempo, que seria representado por uma outra divindade grega, Kairos. Diz Comte-Sponville: "é o kairos do mundo, o instante propício, o momento oportuno: o da ação, ou o mundo de kairos [...] Ou só está diante de nós porque está em torno de nós, em nós, entre nós [...] é o presente da presença."[67]

O prazer do brincar estaria relacionado com criar o tempo de Kairos, que seria um tempo prazeroso. "Ele se insinua como atividade temporária, que tem uma finalidade autônoma e se realiza tendo uma satisfação que consiste nessa própria realização [...] como um intervalo na vida cotidiana."[68]

Ao brincar de ciranda, encontramos o sentido da repetição e o prazer disso. O riso acontece pela superação de algum desafio.

---

[65] CHEVALIER, 1999, p. 306.
[66] *Ibidem*, p. 308.
[67] COMTE-SPONVILLLE, 2000, p. 142.
[68] HUIZINGA, 1999, p. 12.

O prazer de saborear, sempre com renovada intensidade, os triunfos e as vitórias.

A repetição seria a busca pelo prazer de algo que já passou, que não retorna mais, e implica no desafio da superação, da renovação, da transformação, alguma renovação para a vida.

No brincar, observa-se a repetição fértil, que resulta em uma criação do espírito, que fica guardada na memória, relacionada com o universo da cultura. "Mesmo depois do jogo ter chegado ao fim, ele permanece como uma criação nova do espírito, um tesouro a ser conservado na memória [...] uma das qualidades fundamentais reside nesta capacidade de repetição, que não se aplica ao jogo em geral mas a sua capacidade interna."[69]

Quando a repetição se transforma em hábito, o que Benjamim define como formas enrijecidas, "formas petrificadas e irreconhecíveis de nossa primeira felicidade, de nosso primeiro terror, eis os hábitos. E mesmo o pedante mais insípido brinca, sem o saber de maneira pueril, não infantil, brinca ao máximo quando é pedante ao máximo."[70] Os hábitos não produzem o novo, mas uma repetição mecânica, acomodada e sem sentido, porque o passado passou e nos resta o presente, que nunca seria o mesmo, sempre com novos desafios. A ideia de repetição sugeriria a ênfase no passado, pelo retorno das mesmas coisas, sempre igual, inclusive os erros, ou pelo retorno do que foi bom um dia e que hoje talvez não seja. Porém, no caso da ciranda, repetir é pensar no passado para sua ressignificação, não para o seu eterno retorno; para a libertação em face de situações opressivas, apoiada no prazer. Isso permitiria o surgimento de um novo homem, e o seu presente seria um desafio de amadurecimento e transformação.

No quadro de Portinari, a ciranda acontece no interior de um campo delimitado, de maneira material e imaginária, deliberada e

---

[69] *Idem.*
[70] *Ibidem*, p. 75.

espontânea. A estrada ao redor da ciranda sugere um quadrado. O quadrado estaria em um plano terrestre e o círculo, em um plano celeste; "os esquemas do quadrado encimado por um arco (fragmento do círculo) materializam essa dialética do terrestre e do celeste, do imperfeito e do perfeito [...] simbolizaria a aspiração a um nível de vida superior".[71] O terrestre seria o plano do mundo real, do concreto, das dificuldades e dos desafios, e o círculo seria o terreno do utópico, da vida ideal e almejada, construída coletivamente no momento da ciranda.

Um elemento essencial da ciranda seria o divertimento. Nele estaria um riso de prazer e satisfação. O riso se fortalece quando fortalece o outro. Esse fortalecimento se relaciona com o desenvolvimento afetivo e cognitivo de todos, e a emoção e a razão se desenvolvem juntas. "E, contudo, é nessa intensidade, nessa fascinação, nessa capacidade de excitar que reside a própria essência e a característica primordial do jogo, [...] nos deu a tensão, a alegria e o divertimento do jogo."[72] O riso da ciranda seria fruto de algo agradável. Para Alberti: "o riso está entre as coisas agradáveis e, mais enfaticamente, o risível é necessariamente agradável. Finalmente, o riso é relacionado ao jogo e ao repouso."[73]

O brincar de ciranda estaria oposto à seriedade do pensamento, por isso, seria possível afirmar que existe, na ciranda, o riso. Mas não seria o riso do cômico, não seria o riso que quer ser engraçado e nem o que quer rir do outro; seria um riso ligado à satisfação do momento. "O cômico é compreendido pela categoria da não seriedade e possui certas afinidades com o riso, na medida em que o provoca, mas a sua relação com o jogo é perfeitamente secundária, considerado em si mesmo, o jogo não é cômico nem para os jogadores nem para o público."[74]

---

[71] CHEVALIER, 1999, p. 252
[72] HUIZINGA, 1999, p. 5.
[73] ALBERTI, 2002, p. 53.
[74] HUIZINGA, 1999, p. 9.

Caminhos do riso

Na ciranda, o riso revela felicidade e condição propícia para a amizade e a união. "Aristóteles caracteriza o riso e o risível como circunstâncias propícias à calma e à amizade, próximas do jogo e da festa, em que haveria, enfim, ausência de sofrimento."[75] Na ciranda estariam o riso, pelo envolvimento, e o divertimento de todos, quando promove uma identidade e uma integração ao grupo. O riso seria a alegria no outro e a valorização do próximo, em que todos tenham potência de ação.

A origem de muitas brincadeiras está ligada a rituais que, graças à força de imaginação da criança, transformaram-se em brinquedos. Assim, para Benjamim, "nós conhecemos alguns instrumentos de brincar arcaicos, os quais desprezam toda máscara imaginária, na época possivelmente vinculados a rituais: a bola, o arco, a roda de penas, o papagaio, autênticos brinquedos".[76] O riso lúdico da criança se enche de graça e entusiasmo quando cria e reinventa o mundo por meio da brincadeira.

O filósofo alemão Nietzsche fala das metamorfoses que sofre o espírito: o camelo, que carrega o sofrimento; o leão, que liberta; e a criança, que cria. "Inocência é a criança, e esquecimento: um novo começo, um jogo, uma roda que gira por si mesma, um movimento inicial, um sagrado dizer 'sim'. Sim, meus irmãos, para o jogo da criação é preciso dizer 'sim': o espírito, agora, quer a sua vontade, aquele que está perdido para o mundo conquista o seu mundo."[77] A criança tem esse sentido, de ser o que permite criar e transformar.

A criança cria e reinventa o seu mundo e seria um reflexo histórico e cultural do meio em que vive. As crianças, com suas brincadeiras e brinquedos, fazem parte de um universo simbólico. "As crianças não constituem nenhuma comunidade isolada, mas sim

---

[75] ALBERTI, 2002, p. 53.
[76] BENJAMIN, Walter. *Reflexões: a criança, o brinquedo, a educação.* São Paulo: Summus, 1984, p. 70.
[77] NIETZSCHE, Friedrich. *Assim falou Zaratrusta.* Rio de Janeiro: Civilização Brasileira,1998, p. 53.

uma parte do povo e da classe de que provêm. Da mesma forma seus brinquedos não dão testemunho de uma vida autônoma e especial; são, isso sim, um mudo diálogo simbólico entre ela e o povo."[78] A brincadeira de ciranda seria um diálogo simbólico com todo aspecto utópico de união, transformação e identidade cultural.

As crianças representadas na tela dão sentido à brincadeira ao criá-la por meio de sua imaginação. "Acreditava-se erroneamente que o conteúdo imaginário do brinquedo determinava a brincadeira da criança, quando, na verdade, dá-se o contrário."[79] A brincadeira não está em sua forma e, sim, no conteúdo imaginário que a criança desperta em nós, que fruímos o quadro de Portinari.

Uma brincadeira como a da ciranda representa o riso pelo contentamento de girar e estar juntos. Essa brincadeira proporciona a criação de um universo. Brincando se aprende a compartilhar, a ouvir o outro e a sentir nossos desejos, criar e nos descobrir.

Penso que no brincar de ciranda há o sentido de democracia expresso pelo sociólogo Herbert de Souza no Fórum do Pensamento Inquieto. Segundo o sociólogo, para existir a democracia, são necessários cinco elementos: igualdade, diversidade, liberdade, solidariedade e participação. Igualdade: todos terem a oportunidade de ser feliz, ter saúde, comida, trabalho e dignidade de vida. Diversidade: as pessoas terem o direito à diferença e a garantia do respeito pelas diferenças. Liberdade para se expressar. Solidariedade, que seria a prática do amor. E, por último, a participação, que, segundo ele, não entra de férias nunca.

Maria Amélia Pereira[80] escreve que "o brincar contém algo muito importante, envolve uma dimensão extremamente revolucionária, que é o espontâneo, sendo, portanto, perigoso deixá-lo acontecer.

---

[78] BENJAMIN, 1984, p. 70.
[79] *Ibidem*, p. 69.
[80] A Professora Maria Amélia Pereira realiza o seu trabalho no Centro de Estudos Casa Redonda em Carapicuíba, São Paulo; além do trabalho que desenvolve com crianças, é autora de livros e de artigos.

O homem tem medo do espontâneo [...] O espontâneo tem a ver com o ato voluntário de liberdade".[81]

Segundo Maria Amélia Pereira, a essência do brincar estaria na espontaneidade, uma vez que ele não tem hora marcada para acontecer. O ato de brincar não tem objetivo pedagógico e teria um fim em si mesmo. Brincar seria um ato voluntário, cada um se dirige a uma brincadeira por um ato de decisão interna. Huizinga confirma o pensamento de Pereira quando afirma que "o jogo é uma atividade voluntária. Sujeito à ordem, deixa de ser jogo [...] as crianças brincam porque gostam de brincar, e é precisamente em tal fato que reside a liberdade. [...] Primeira característica do jogo: o fato de ser livre, de ser ele próprio liberdade".[82] A essência do ato de brincar seria a espontaneidade e a liberdade e por isso teria uma dimensão revolucionária, porque vai contra o que está estruturado e organizado.

Para essa professora, o processo de conhecimento mais autêntico da criança está no brincar. Quando a criança brinca, dentro dela surgem indagações sobre as diversas áreas do conhecimento, como matemática, ciência, linguagem, estudos sociais, arte, filosofia. Nessa perspectiva, a função do educador seria a de ter a coragem de deixar a criança brincando sem interrompê-la e incomodá-la. Ter a consciência de que o processo de conhecimento está na brincadeira em curso e que a criança seria um aprendiz nato. A criança, quando aprende algo, quer logo ensinar o que aprendeu.

O filme *A maçã*[83] trata das personagens reais Zahra e Massoumeh, duas irmãs gêmeas tratadas como "retardadas" por terem passado enjauladas em casa onze dos seus treze anos de vida. Seus pais, simples e idosos, com a agravante da mãe cega,

---

[81] COUTINHO, Laura Maria. *Educação da sensibilidade: encontro com a professora Maria Amélia Pereira*. Brasília: Editora UnB, 1996, p. 11.

[82] HUIZINGA, 1999, p. 11.

[83] *A maçã*. Direção: Samira Makhmalbaf. Irã, 1998.

acreditavam que mantê-las presas era o melhor para elas. Com a ajuda de uma assistente social, as gêmeas são libertadas e, na rua, encontram outras crianças, com quem brincam e se relacionam. As crianças ensinam para as irmãs o jogo de amarelinha, entre outras brincadeiras. Quando as gêmeas passam a ter relação social e afetiva e a enfrentar desafios, começam a se desenvolver – coordenação motora, aprendizado da fala, comunicação etc.

Para a professora Maria Amélia Pereira, à criança deveria ser permitida a conquista da possibilidade de escolher e de se dirigir a atividades que lhes dizem respeito e que as fascinam. Talvez fosse importante deixar que a própria criança percebesse o seu limite e não estabelecer o limite por meio de ameaça de perigo.

O filme *Em busca da Terra do Nunca*[84] conta a vida do escritor inglês J. M. Barrie e a criação da sua obra mais famosa, *Peter Pan*. O filme se passa na cidade de Londres, em 1904. O escritor buscava inspiração para sua nova peça e inicia uma bela amizade com a família Davies, formada por uma viúva e seus quatro filhos. O filme representa várias cenas em que o escritor está brincando com essas crianças. Numa delas, ele solta pipa com as crianças. Nessa brincadeira existe uma relação entre o homem e a natureza, o ar, o vento, a respiração e o corpo. Esse brincar estabelece uma conexão entre a mente, o coração e a natureza interna da criança. O riso, em muitas brincadeiras que esse escritor retratado no filme propõe, aponta para a sabedoria própria da criança. O escritor faz isso em muitos momentos quando incita o jovem Peter e as demais crianças para que brinquem e sejam criativas. No brincar se constrói o eu da criança, ela procura resolver seus problemas e ir em direção ao conhecimento, que seria próprio do ser humano. A interferência do escritor nas brincadeiras se daria quando ele delas

---

[84] *Em Busca da Terra do Nunca*. Direção: Marc Forster. EUA, 2004.

participa, se transformando em diferentes personagens. Nesse filme, as crianças têm autonomia para criar brincadeiras e a sua própria peça teatral. Nas brincadeiras propostas pelo escritor, as crianças se divertem muito sem precisar consumir.

Esse novo universo criado não se relaciona com a produção material. Está no âmbito da sensibilidade, do prazer, da imaginação e da criação. Permite o estar mundo, reinventando-o, reelaborando-o, redescobrindo-o. "O brincar é ocupar o tempo livre sem o sentido de produção material, é justamente estarmos diante de algo sem saber aonde vamos chegar, indo numa grande viagem de imaginação e isso quem não brinca não vai saber fazer."[85]

A obra *Alegoria e Efeitos do Bom Governo na Cidade e no Campo*, de Lorenzetti, retrata uma ciranda. A ciranda é dançada por dez mulheres e celebra a virtude da cidade regida pelo Bom Governo. Esse Governo estaria, também, relacionado com o sentido de democracia.

Em tal obra, o riso da ciranda está relacionado ao bem-estar e à felicidade. O filólogo russo Vladimir Propp, pesquisador do riso, afirma que "Kant chama a este riso 'jogo de forças vitais'. Ele elimina qualquer emoção negativa e a torna impossível. Ele apaga a cólera e a ira, vence a perturbação e eleva as forças vitais, o desejo de viver e de tomar parte na vida". Esse bem-estar e felicidade se relacionam com as virtudes.

As virtudes são alegoricamente representadas pelo feminino na ciranda em número de dez. Quatro virtudes cardinais: a Prudência, a Temperança, a Justiça e a Fortaleza. Três virtudes teologais: a Fé, a Esperança e a Caridade. Três virtudes acrescentadas para acompanhar o Bom Governo: a Paz, a Magnanimidade e a Sabedoria.

Nessa ciranda, as mulheres são figuras alegóricas que cantam, dançam, tocam instrumentos musicais, e o riso delas se relaciona

---

[85] COUTINHO, 1996, p. 64.

com a felicidade. Segundo Milton de Almeida,[86] "sob a proteção da justiça e da segurança, dez mulheres dançam, enquanto uma delas bate um tamborim e canta [...] São figuras alegóricas que animam com sua dança e canto, como um fundo musical, alegre e harmonizador, as cenas cotidianas na cidade bem governada".[87]

O riso dessa ciranda se relaciona com a felicidade das mulheres que dançam. Há o prazer e a alegria porque elas desejam o que fazem. O riso se relacionaria com o resultado desesperante de encontrar a felicidade.

Ambrogio Lorenzetti (c. 1290 – c. 1348). *Alegoria e Efeitos do Bom Governo na Cidade* e no *Campo* (c. 1337–1340). Afresco, 296 x 1398 cm. Siena, *Palazzo Pubblico, Sala dei Nove*.

---

[86] José Milton de Almeida, professor e coordenador do Laboratório de Estudos Audiovisuais – OLHO – da Unicamp, faz um estudo das obras *Alegoria e Efeitos do Bom Governo na Cidade e no Campo* e *Efeitos do Mau Governo na Cidade e no Campo*, de Lorenzetti.

[87] ALMEIDA, Milton José. *Cinema: arte da memória*. Campinas, SP: Autores Associados, 1999, p. 107.

Caminhos do riso

O riso das mulheres que dançam ciranda seria o resultado e o encontro com o desejo de felicidade que depende de cada uma delas e não se relaciona com a esperança, mas com a vontade. O que faz as mulheres agirem não seria a esperança, mas a vontade. "A esperança é um desejo que se refere ao que não depende de nós; a vontade, um desejo que se refere ao que depende de nós."[88]

A felicidade seria uma busca sempre a ser conquistada e repensada e aconteceria com uma nova música, um diferente movimento, um outro giro. "A felicidade não é um absoluto, é um processo, um movimento, um equilíbrio, só que instável, uma vitória, só que frágil, sempre a ser defendida, sempre a ser continuada ou repensada."[89]

O desejo de felicidade e o encontro com o riso, nas mulheres da ciranda, parecem depender da ação delas. "Só queremos o que depende de nós; [...] trata-se de aprender a desejar o que depende de nós, aprender a querer e agir, trata-se de aprender a desejar o que é, isto é, a amar."[90]

Na ciranda da *Alegoria e Efeitos do Bom Governo na Cidade e no Campo*, se poderia concretizar a felicidade com o conhecimento, com a ação e com o amor. "Trata-se na ordem teórica, de crer um pouco menos e de conhecer um pouco mais; na ordem prática, política ou ética, trata-se de esperar um pouco menos e de agir um pouco mais; enfim, na ordem afetiva ou espiritual, trata-se de esperar um pouco menos e amar um pouco mais."[91] Há o movimento da ciranda no presente, porque o presente seria o único lugar do real, e a relação com o futuro é uma relação de prazer, de saber e de poder.

---

[88] COMTE-SPONVILLE, 2005, p. 63.
[89] *Ibidem*, p. 88.
[90] *Ibidem*, p. 87.
[91] *Ibidem*, p. 89.

Clara Rosa Cruz Gomes

O riso observado na ciranda se relaciona com o amor pela presença da felicidade no amor. "O verdadeiro conteúdo da felicidade é a alegria, pelo menos a alegria possível. Ora, toda a alegria tem uma causa: toda alegria é amor. Quando nos regozijamos com, é isso que se chama amor [...] o amor que regozija e compartilha."[92] O riso seria resultado da busca pela felicidade e pelo amor, porque não há felicidade sem amor. O amor é potencializador do outro, o amor nos faz ver como somos criaturas belas e capazes de fazer o belo.

As mulheres da ciranda, na obra observada, representam as virtudes, e é importante que haja o amor para acontecer a justiça. "As virtudes, quase todas, só se justificam por esta falta em nós de amor. [...] O amor nos destina à moral e dela nos liberta. A moral nos destina ao amor, ainda que ele esteja ausente, a ele se submete."[93] As virtudes nos ensinam sobre o amor, a felicidade e a construção do riso coletivo. As virtudes servem como modelos nos quais os indivíduos se refletem para se conduzirem social e politicamente.

As virtudes representadas pelas mulheres que dançam ciranda na obra de Lorenzetti se relacionam aos valores que são próprios do homem e que dependem da razão, do desejo, da educação, do hábito e da memória. Essas virtudes estão ligadas ao agir, ao fazer, à ação. As virtudes na ciranda têm a ver com os elementos democráticos da igualdade, da diversidade, da liberdade, da solidariedade e da participação porque, também, dependem da educação, do hábito e da memória. Os elementos democráticos dependem da postura do homem no seu dia a dia. "A virtude de um homem é o que o faz humano ou, antes, é o poder específico que tem o homem de afirmar sua excelência própria, isto é, a sua

---

[92] *Ibidem*, p. 105.
[93] COMTE-SPONVILLE, 1999, p. 311.

humanidade [...] é nossa maneira de ser e de agir humanamente, nossa capacidade de agir bem."[94]

Das quatro virtudes cardinais na *Alegoria e Efeitos do Bom Governo na Cidade e no Campo* (a Prudência, a Temperança, a Justiça e a Fortaleza), a Justiça é a mais importante para o bom governo, porque todas se relacionam, dependem e estão a serviço dela. A Justiça garante o bem-estar do povo. "A segurança que proclama ser ali o reino da Justiça e todos podem viver e trabalhar sem medo [...] A justiça não só educa e assegura a harmonia como pune os maus cidadãos que a ameaçam."[95]

As virtudes representadas na ciranda (Prudência, Temperança, Justiça, Fortaleza, Fé, Esperança, Caridade, Paz, Magnanimidade e Sabedoria) se relacionam com o riso pela dimensão de harmonia manifestada em todas essas mulheres. Na ciranda, surge o riso prazeroso e alegre, resultado do bem-estar construído pelo próprio homem. A dimensão da alegoria do riso proporcionado pela ciranda corresponde à construção da democracia, potencialmente fonte de esperança, união e transformação.

Na obra *Alegoria e Efeitos do Mau Governo na Cidade e no Campo*, a Justiça está amarrada aos pés do tirano. Ninguém está em concórdia, e a tirania prevalece. A tirania é representada na figura do Satanás à sua direita e pelos vícios conspirativos: o Furor, a Discórdia e a Guerra; e como contraponto às virtudes teologais, os pecados da Soberba, da Avareza e da Vanglória. A tirania seria uma oposição ao governo democrático. No governo tirano não há ciranda. Nele existe desigualdade, desrespeito às diferenças, falta de solidariedade, desamor, violência, de modo que as pessoas não são livres e não participam das decisões políticas, econômicas e sociais de tal governo.

---

[94] *Ibidem*, p. 9.
[95] ALMEIDA, 1999, p. 106.

Ambrogio Lorenzetti (c. 1290 – c. 1348). *Alegoria e Efeitos do Mau Governo na Cidade e no Campo. A Corte da Tirania* (c. 1337–1340). Afresco, 296 x 1398 cm. Siena, *Palazzo Pubblico, Sala dei Nove*.

Como efeitos do mau governo na cidade e no campo, encontramos as guerras, os assaltos, as traições, a desarmonia e a discórdia. Na cidade governada pelo Tirano, os criminosos estão ameaçando pessoas.

Na obra, o efeito do riso estaria no ridículo de todos esses vícios. E, rindo deles, se poderia tentar encontrar um outro riso na felicidade, no amor e na satisfação com a própria vida. O riso como transgressor da ordem para, em decorrência, propiciar uma mudança e um novo riso. "O riso pode tornar-se incômodo e até mordaz, quando nos força a ver o lado burlesco da sociedade."[96] Um exemplo desse riso ocorre em uma brincadeira da cultura popular, o teatro de bonecos mamulengos. Esse teatro baseia-se

---

[96] COUTINHO, Laura. *O estúdio de televisão e a educação da memória*. Brasília, Plano Editora, 2003, p. 94.

na improvisação livre do ator e na centralização da peça em personagens-tipos. O mamulengo manifesta o cotidiano do povo de uma determinada região: sua esperança, sua fé, seu labutar e seu sofrer. Hermilo Borba Filho, estudioso da cultura popular e umas das principais referências sobre o estudo do mamulengo, escreve que "os bonecos assumem as posturas mais extravagantes, mas não perdem o seu caráter de familiaridade, de pessoas por nós conhecidas".[97] Alguns dos personagens-tipo principais são: o Benedito, que seria o trabalhador rural, negro, esperto, tonto e pobre; e o Capitão João Redondo, que seria o fazendeiro, rico e latifundiário. Nas aventuras provocadoras de muitas gargalhadas, Benedito vence o Capitão. Esse teatro faz críticas ao mau governo, e o riso seria provocado pela inversão da ordem.

A Justiça seria a virtude que traria a harmonia e a concórdia. A Justiça, sendo uma virtude completa, compõe todas as outras e compreende a inteligência, a prudência, a coragem, a fidelidade, a generosidade e a tolerância. É fundamental "resistir antes de tudo à injustiça que cada um traz em si mesmo. É por isso que o combate pela justiça não terá fim".[98] Essa mesma questão se relaciona com a construção da democracia, que também será algo a ser construído a cada dia, enfrentando nossas próprias dificuldades.

Uma afirmação que revela tanto o que acontece como o que deveria acontecer pode ser evocada numa máxima. Para Almeida: "a máxima faz-nos voltar à virtude da Prudência: memória, inteligência, previdência; o passado rememorado no presente para bem agir no futuro."[99] A Prudência educa a memória para uma realização futura porque reconstrói nossa memória, "produzindo imagens para serem lembradas em meio às emoções da vida presente".[100]

---

[97] BORBA FILHO, Hermilo. *Fisiologia e espírito do mamulengo*. Rio de Janeiro: Inacen, 1987, p. 87.
[98] COMTE-SPONVILLE, 1999, p. 95.
[99] ALMEIDA, 1999, p. 114.
[100] *Ibidem*, p. 115.

Estrada da rosa

Tendo rido Deus, nasceram os sete deuses que governam o mundo [...] Quando ele gargalhou, fez-se a luz [...] Ele gargalhou pela segunda vez: tudo era água. Na terceira gargalhada, apareceu Hermes; na quarta, a geração; na quinta, o destino; na sexta, o tempo. Depois, pouco antes do sétimo riso, Deus inspira profundamente, mas ele ri tanto que chora, e de suas lágrimas nasce a alma. [101]

O papiro de Leyde diz que o universo nasceu de uma grande gargalhada, do riso nasceram os deuses, a luz, a água, a geração, o destino, o tempo, a alma e o Hermes, que simbolizaria, também, o conhecimento, o deus do hermetismo e da hermenêutica, do mistério e da arte de decifrá-lo. O que torna, talvez, curioso e instigante estudar o riso e a sua aceitação. O humor se relaciona com nossas posturas, nossa maneira de agir, de pensar, de sentir e de produzir conhecimento.

De acordo com Minois, para algumas teorias, o riso seria uma manifestação de orgulho, de vaidade e de desprezo pelos outros. Essas teorias parecem defender a ordem, a imobilidade das instituições,

---

[101] Fragmento de um papiro de autor anônimo, datado do século III, o papiro de Leyde. In MINOIS, Georges. *História do riso e do escárnio*. São Paulo: Unesp, 2003, p. 21.

dos valores e das crenças de um mundo civilizado. O riso é agressivo, destruidor, já que fere princípios. "A visão oficial e séria do mundo, representada pela estética clássica, insiste no permanente, no estável, no identificável, no diferenciado e só vê no grotesco insulto, sacrilégio, vontade subversiva de rebaixamento."[102] Dessa forma, o riso se comporta como movimento de desequilíbrio, deflagrador do caos e perturbador da estabilidade. Por isso, seria, nessa perspectiva, preciso controlar o riso.

O filme *O Nome da Rosa*[103] retrata a proibição do riso pelo cristianismo em determinado momento da história. Para o escritor, filósofo e linguista italiano Umberto Eco, autor da obra em que foi baseado o filme, "o riso distrai, por alguns instantes, o aldeão do medo. Mas a lei é imposta pelo medo, cujo nome verdadeiro é temor a Deus".[104] Não se permitia o riso por se tratar de uma religião carregada de seriedade e rigidez. Quanto mais séria, mais a sua inversão provocaria o riso. A violação dos tabus poderia fazer rir. Os maus zombariam de Deus. O riso, então, seria um comportamento estritamente humano e, por isso, alheio ao mundo divino. O riso seria símbolo da decadência humana e da inversão da ordem. "O riso vai se insinuar em todas as imperfeições humanas e, por isso, tornou-se diabólico."[105]

O filósofo grego Aristóteles, ao definir a tragédia e a comédia, disse: "os imitadores imitam homens que praticam alguma ação, e estes, são indivíduos de elevada ou de baixa índole [...] a diferença que separa a tragédia da comédia: procura esta imitar os homens piores, e aquela, melhores do que eles ordinariamente são."[106]

---

[102] MINOIS, 2003, p. 159.
[103] *O Nome da Rosa*. Direção: Jean-Jacques Annaud. EUA, 1986.
[104] ECO, Umberto. *O Nome da Rosa*. Rio de Janeiro: Nova Fronteira, 1983, p. 533.
[105] MINOIS, 2003, p. 113.
[106] ARISTÓTELES. *Poética*. São Paulo: Imprensa Nacional, 1992, p. 105.

Cartaz do filme *O Nome da Rosa*. Direção: Jean-Jacques Annaud. EUA,1986.

Caminhos do riso

Para Antônio Freire, filósofo estudioso da cultura grega, a origem etimológica do vocábulo tragédia e sua evolução semântica tem-se derivado do canto do bode ou canto dos sátiros mascarados com peles caprinas. Do ponto de vista histórico, admite-se que a tragédia grega originou-se do ditirambo.

> O ditirambo era uma composição lírica, entusiástica até ao paroxismo, em honra de Dioniso. Acompanhado de danças, era a princípio improvisado. [...] O culto de Dioniso, caracterizado por algazarra e ébria exaltação [...] divergente em todos os pormenores do culto tributado aos deuses, tinha caracter totalmente orgíaco. [...] Deste clima de gargalhadas infernais, de mascaradas carnavalescas se originou a comédia. A tragédia, de caractere sério, doloroso, triste, não podia provir diretamente de exibições tão grotescas e macabras. De fato, a par desta nota hilariante e burlesca, havia momentos mais concentrados, em que se entoavam canções plangentes e se faziam reflexões sérias e tristes sobre as decepcionantes vicissitudes da vida humana: daqui nasceu a tragédia.[107]

Para Margot Berthold, estudiosa da história do teatro, a origem da comédia reside nas cerimônias fálicas e canções que eram comuns em muitas cidades gregas. "A palavra comédia é derivada de *Komos*, orgias noturnas nas quais os cavalheiros da sociedade ática se despojavam de toda a sua dignidade por alguns dias, em nome de Dioniso, e saciavam toda a sua sede de bebida, dança e amor."[108]

A Poética de Aristóteles, quando discorre sobre a comédia, é retratada no filme *O Nome da Rosa* como uma obra proibida que,

---

[107] FREIRE, Antônio. *O teatro grego*. Braga: Publicações da Faculdade de Filosofia, 1985, p. 70.
[108] BERTHOLD, Margot. *História mundial do teatro*. São Paulo: Perspectiva, 2001, p. 120.

em virtude da Inquisição, não se conseguiu recuperar. Umberto Eco fala do perigo de se estudar a obra de Aristóteles, porque se pode adquirir sabedoria e legitimar a inversão da ordem.

> Não importa se durante a festa produzir-se-á na terra a epifania do mundo ao avesso [...] o riso libera o aldeão do medo do diabo, porque na festa dos tolos também o diabo aparece tolo, portanto, controlável. Mas esse livro poderia ensinar que libertar-se do medo do diabo é sabedoria. Quando ri [...] o aldeão se sente patrão [...] este livro poderia ensinar aos doutos os artifícios argutos, e desde então ilustres, com que legitimar a inversão.[109]

A respeito do segundo livro de Aristóteles, que trata do riso, Umberto Eco escreveu que a comédia revela o conhecimento.

> A comédia nasce nas *Komai*, ou seja, nos vilarejos dos camponeses, como celebração jocosa após um banquete ou uma festa. Não narra homens famosos e poderosos, mas seres vis e ridículos, não malvados, e não termina com a morte dos protagonistas. Atinge o efeito de ridículo mostrando homens comuns, defeitos e vícios. Aqui Aristóteles vê a disposição ao riso como uma força boa, que pode mesmo ter um valor cognoscitivo [...] de fato nos obriga a reparar melhor, e nos faz dizer: eis, as coisas estavam justamente assim, e eu não sabia.[110]

O riso tem também vínculo com os medos, os desejos e os sonhos dos homens; rindo, ridiculariza-se e cria-se um escudo para enfrentar o medo. "O riso mais profundo é aquele que desvela e detalha as inquietudes, as angústias, os desejos, os sonhos, os sentimentos perturbadores escondidos nos sentimentos dos homens." [111]

---

[109] ECO, 1983, p. 533.
[110] *Ibidem*, p. 530.
[111] MINOIS, 2003, p. 196.

Caminhos do riso

Para Minois, na Idade Média, o mundo cômico foi excluído do domínio sagrado e tornou-se a característica essencial da cultura popular que evoluiu fora da esfera oficial. A fusão entre o cômico e a seriedade cristã marca toda a religião popular medieval. "Até o século IX tudo se limita ao grotesco com grande liberdade cômica [...] o regime feudal, jovem, é ainda relativamente popular e a cultura popular, muito poderosa, assume naturalmente a continuação das saturnais, ao passo que a cultura religiosa oficial é muito fraca para impor proibições."[112] As saturnais se referem a Saturno, que simboliza "o herói civilizador, em particular, aquele que ensina o cultivo da terra".[113] O reino de Saturno foi, segundo os mitos, considerado a idade de ouro. "Trata-se de um retorno mítico a essa época feliz e desaparecida, época de igualdade, de abundância, de felicidade. A alegria propiciada por esse retorno periódico manifesta-se pelo riso, e o riso alimenta-se dos rituais e das práticas que acompanham essas festas."[114]

Para Mikhail Bakhtin, historiador e filólogo russo e importante teórico da literatura contemporânea, a ideia de carnaval manifestou-se de maneira muito sensível nas saturnais romanas, experimentadas como um retorno completo ao país da idade de ouro. Bakhtin defende a contestação subversiva da cultura popular cômica em sua análise sobre o carnaval. Nas formas dos ritos e dos espetáculos, Bakhtin define o carnaval como a segunda vida do povo, baseada no princípio do riso. O riso seria festivo, alegre e benfazejo. "É a sua vida festiva. A festa é a propriedade fundamental de todas as formas de ritos e de espetáculos cômicos da Idade Média."[115]

A visão cômica de Bakhtin liga-se à liberdade. Seria uma vitória em relação ao medo do sagrado, do proibido. "Durante o carnaval

---

[112] *Ibidem*, p. 144.
[113] CHEVALIER, 1999, p. 806.
[114] MINOIS, 2003, p.97.
[115] BAKHTIN, Mikhail. *A cultura popular na Idade Média e no Renascimento*. São Paulo: Hucitec; Brasília: Editora UNB, 1999.

é a própria vida que representa e interpreta outra forma livre de realização, isto é, o seu próprio renascimento e renovação."[116] Há o triunfo do corpo e de suas necessidades por meio da liberdade de expressão e da abundância presente. "O mundo infinito das formas e manifestações do riso opunha-se à cultura oficial, ao tom sério, religioso e feudal da época."[117] Esse riso não seria individual; seria coletivo, social e universal. O riso provocaria uma contestação social e a subversão da hierarquia. A inversão de valores provocaria o riso. "Por isso, todas as formas e os símbolos da linguagem carnavalesca estão impregnados do lirismo da alternância e da renovação, da consciência da alegre relatividade das verdades e autoridades no poder."[118]

A festa arranca o povo da ordem existente. "O carnaval era o triunfo de uma espécie de liberação temporária da verdade dominante e do regime vigente, de abolição provisória de todas as relações hierárquicas, privilégios, regras e tabus."[119] O riso festivo atinge todas as pessoas e, por isso, seria universal. "Esse riso é ambivalente: alegre e cheio de alvoroço, mas, ao mesmo tempo burlador e sarcástico, nega e afirma, amortalha e ressuscita simultaneamente."[120] O riso, para Bakhtin, teria características transgressoras, pois seria veículo de energias profundamente transformadoras.

Segundo Minois, a Igreja do período medieval acabou tendo que aceitar as manifestações festivas do povo e criou suas próprias festas religiosas. "O mais eficaz é criar festas cristãs para substituir as pagãs [...] É preciso aceitar a presença do riso."[121]

Umberto Eco também aponta para o fato de as festividades populares serem controladas pela Igreja, e o riso perder o sentido transgressor da ordem.

---

[116] *Ibidem*, p. 7.
[117] *Ibidem*, p. 3.
[118] *Ibidem*, p. 10.
[119] *Ibidem*, p. 8.
[120] *Ibidem*, p. 10.
[121] MINOIS, 2003, p.183.

Caminhos do riso

> O riso é a fraqueza, a corrupção, a insipidez de nossa carne. É o folguedo para o camponês, a licença para o embriagado, mesmo a Igreja em sua sabedoria concedeu o momento da festa, do carnaval, da feira, essa ejaculação diurna que descarrega os humores e retém de outros desejos e de outras ambições [...] Mas desse modo o riso permanece coisa vil, defesa para os simples, mistério dessacralizado para plebe.[122]

Minois acredita que o riso festivo passou a ser utilizado a favor do poder e da ordem vigente. Quando o riso passa a pertencer às festas religiosas e a ser institucionalizado pela Igreja e pelo poder, o sentido transgressor do riso desaparece porque ele reforçaria a ordem existente.

> Na Idade Média, o riso é largamente usado a serviço dos valores e dos poderes. Mesmo quando estes são parodiados nas festas, retiram benefícios dele. O riso medieval é mais conservador que destrutivo, em seu aspecto coletivo organizado [...] tanto no humor profano como no humor sagrado.[123]

Conforme Minois, esse riso permitido não ameaça a ordem social. Ele a reforça, demonstrando o lado grotesco e irreal de seu contrário. O riso serviria para espicaçar as falhas e humilhar tudo o que contraria os padrões estabelecidos.

> O riso coletivo desempenha papel conservador e regulador. [...] Ele reforça a ordem estabelecida representando seu oposto grotesco; exclui o estranho, o estrangeiro, o anormal e o nefasto, escarnecendo do bode expiatório e humilhando o desencaminhado. O riso é uma arma opressiva a serviço do grupo, uma arma de autodisciplina.[124]

---

[122] ECO, 1983, p. 532.
[123] MINOIS, 2003, p. 191.
[124] *Ibidem*, p. 174.

Ao longo da história, o riso apresentou diferentes funções. O riso manifestou-se em benefício da transgressão da ordem ou a serviço do poder. Por isso, no riso existe uma dimensão contraditória e ambivalente. Ele se põe a favor da transformação ou da manutenção da ordem. Em alguns momentos da história, será desprezado e, em outros, bem acolhido, dependendo da rigidez da sociedade. Quando o período histórico é muito rígido, como o relatado no filme *O Nome da Rosa,* haverá um desprezo ao riso. O riso vai ser proibido, rejeitado.

Minois, numa reflexão a respeito do riso, afirma que nossa época permite um tipo de riso no âmbito do que chamou de sociedade humorística. Na atualidade, "o humor universal, padronizado, midiatizado, comercializado, globalizado, conduz o planeta [...]. O mundo deve rir para camuflar a perda de sentido [...] tendo esgotado todas as certezas".[125] O riso da sociedade humorística é uma espécie de riso industrial, quer dizer, um riso fabricado com objetivo de consumo de mercadorias para a manutenção de lucro e a serviço dos interesses capitalistas. O riso que denominarei de industrial se contrasta com o riso artesanal, típico de muitos rituais. O riso industrial faz parte da indústria cultural.

Max Horkheimer e Theodor Adorno, sociólogos e filósofos alemães da Escola de Frankfurt,[126] criaram conceitos como o de indústria cultural e o de cultura de massa. Para Adorno e Horkheimer, o riso da indústria do divertimento e do consumo volta-se para a manutenção de todo um sistema de comércio.

> A indústria cultural continuamente priva seus consumidores do que continuamente lhes promete. [...] Este é o segredo da sublimação estética: representar a satisfação na sua própria negação.

---

[125] *Ibidem*, p. 554.
[126] Escola de Frankfurt foi o nome dado a um grupo de filósofos e cientistas sociais do final dos anos 1920, de tendências marxistas, que se associa diretamente à teoria crítica da sociedade.

Caminhos do riso

> A indústria cultural não sublima, mas reprime e sufoca. [...] O triunfo sobre o belo é realizado pelo humor, pelo prazer que se sente diante das privações bem-sucedidas. Ri-se do fato que nada tem de risível. O riso sereno ou terrível, assinala sempre um momento em que desaparece um temor. [...] O rosto tranquilizado é como o eco da vitória do poder. [...] A indústria dos divertimentos continuamente o receita. Nela o riso torna-se um instrumento de uma fraude sobre a felicidade. Os momentos felizes não o reconhecem.[127]

O riso industrial produz a indiferença, a desmotivação da massa e o vazio existencial, de forma a camuflar com a aparência de normalidade os problemas reais e possíveis de serem enfrentados a partir de uma postura crítica. Esse riso é portador da mensagem de se consumir para ser feliz. Isso ressalta uma postura individualista em face da coletividade. A força disso reside em seu acordo com as necessidades criadas e não no simples contraste quanto a essas necessidades que reforçam e confirmam todo o sistema.

> Mas, ao mesmo tempo, a mecanização adquiriu tanto poder sobre o homem em seu tempo de lazer e sobre sua felicidade, determinado integralmente pela fabricação dos produtos de divertimento, que ele apenas pode captar as cópias e as reproduções do próprio processo de trabalho. O pretenso conteúdo é só uma fachada; aquilo que se imprime é a sucessão automática de operações reguladas.[128]

O estilo da autenticidade do riso industrial desaparece na indústria cultural como o equivalente estético da dominação e da obediência à hierarquização social. "A indústria cultural, por fim, absolutiza a imitação. [...] Assim a indústria cultural, o estilo inflexível

---

[127] ADORNO, Theodor; HORKHEIMER, Max. "A indústria cultural: o iluminismo. como mistificação das massas". In: LIMA, L. C. (Org.). *Teoria da cultura de massa*. São Paulo: Paz e Terra, 2002, p. 188.
[128] *Ibidem*, p. 185.

de todos, revela-se como a própria meta daquele liberalismo de que se censurava a falta de estilo."[129]

O riso industrial está carregado de um sentido vazio, característico do mundo da aparência, não aprofunda a percepção da realidade e nem transgride a ordem.

> Quanto mais sólidas se tornam as posições da indústria cultural, tanto mais brutalmente esta pode agir sobre as necessidades dos consumidores, produzi-las, guiá-las e discipliná-las, retirar-lhes até o divertimento. [...] Divertir-se significa que não devemos pensar, que devemos esquecer a dor, mesmo onde ela se mostra. Na sua base do divertimento planta-se a impotência.[130]

O riso industrial não relativiza o poder do Estado, da economia, para propor novos valores e posturas. "O riso atual é o da morte dos deuses e dos valores, o que lhe tira toda a força corrosiva."[131] O riso industrial é vazio de sentido porque o seu maior objetivo seria o consumo para gerar lucro e produzir riqueza para poucos. Esse riso não questiona a sociedade, mantendo desajustes sociais de fome, miséria, desemprego e violência.

> Em cada espetáculo da indústria cultural, a frustração permanente que a civilização impõe é, inequivocamente, outra vez imposta. [...] O princípio básico consiste em lhe apresentar tanto as necessidades, como tais, que podem ser satisfeitas pela indústria cultural, quanto em, por outro lado, antecipadamente, organizar essas necessidades de modo que o consumidor a elas se prenda, sempre e tão só como eterno consumidor, como objeto da indústria cultural.[132]

---

[129] *Ibidem*, p. 180.
[130] *Ibidem*, p. 192.
[131] MINOIS, 2003, p. 621.
[132] ADORNO, 2002, p. 189.

Caminhos do riso

O riso industrial estaria inserido em um universo do consumo midiático no qual impera o efêmero e a moda no âmbito da indústria cultural. "O novo tirano que zomba dos valores morais: o índice de audiência, ele próprio agente do Deus supremo, que é a economia."[133]

Este riso aparece em todos os meios de comunicação: no jornal, na rádio, na televisão e no cinema e é difundido sem o poder provocador e a intensidade transgressiva. Esse riso seria um novo estilo descontraído e inofensivo, sem negação, nem mensagem.

> Os produtos da indústria cultural podem estar certos de serem jovialmente consumidos, mesmo em estado de distração. Mas cada um destes é um modelo do gigantesco mecanismo econômico que desde o início mantém tudo sob pressão tanto no trabalho quanto no lazer que lhe é semelhante.[134]

No filme *Ladrões de sabonete*,[135] o riso industrial se configura claramente. Esse filme retrata um diretor de cinema que quer exibir o seu filme neorrealista, sobre o período pós-guerra, na televisão. O riso industrial irrompe nos comerciais, produzidos nos estúdios da televisão que interrompem a exibição do filme.

> O estúdio é o local da memória, do artifício, da arte de transformar cenários, objetos e pessoas naquilo que, talvez, jamais seriam na vida real, mas que ali se tornam exemplos modelares da vida burguesa apregoada pela televisão [...] contam uma história cujo final feliz é a realização de um desejo, sempre de consumo.[136]

---

[133] MINOIS, 2003, p. 622.
[134] ADORNO, 2002, p. 189.
[135] *Ladrões de sabonete*. Direção: Maurizio Nichetti. Itália,1989.
[136] COUTINHO, 2003, p. 103.

Clara Rosa Cruz Gomes

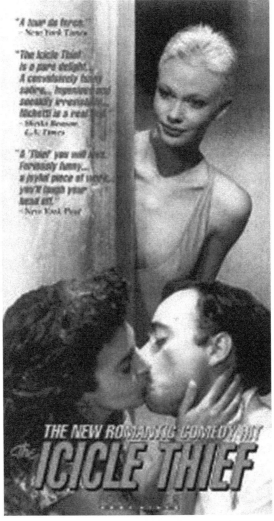

Cartaz do filme *Ladrões de sabonete*.
Direção: Maurizio Nichetti. Itália,1989.

Caminhos do riso

A partir de uma pane no estúdio da televisão, o filme e os comerciais de televisão se misturam e o diretor tenta salvar o seu filme. As situações risíveis nos forçam a perceber que o comercial de televisão interrompe o filme realizando, em estética e política, a narrativa da televisão. "Tudo acontece como se, ao lançar mão de situações risíveis, fosse possível perceber com mais clareza o capitalismo em sua autonarração naquele momento."[137]

Maurizio Nichetti retrata o conflito entre a linguagem cinematográfica e a televisiva, ao abordar, no filme, uma realidade de desemprego e de desajuste social vivida no período pós-guerra, contraposta à da televisão, que apresenta o riso industrial dos comerciais. "Se a narrativa da televisão interfere no filme e, portanto, na própria imagem cinematográfica, interfere também na manifestação do pensamento e das ideias ou, pelo menos, o condiciona."[138]

O riso industrial invade e se impõe ao filme *Ladrões de sabonete* por meio dos comerciais de televisão e do consumo de produtos estrangeiros. Há um choque cultural entre a norte-americana que entra no filme italiano e a mulher italiana que entra nas propagandas estrangeiras. Esse choque seria percebido, por exemplo, pelas diferenças de língua e hábitos de consumo que são impostos pela propaganda e por todo o sistema. As mulheres, nas propagandas, aparecem como celebridades passageiras. "Na indústria cultural desaparece tanto a crítica como o respeito [...] sucede o culto efêmero da celebridade."[139]

Aparece, também, a indiferença e o individualismo da classe média que assiste ao filme sem pensar sobre o que está acontecendo. Essa atitude nos revela que "a televisão não permite a expressão do pensamento, devido ao processo que se estabelece no interior das emissoras, que são regidas pela pressão da audiência e

---

[137] *Ibidem*, p. 95.
[138] *Ibidem*, p. 87.
[139] ADORNO, 2002, pp. 189, 208.

pela urgência [...] são feitas para serem aceitas instantaneamente."[140] No filme *Ladrões de sabonete*, o diretor não consegue salvar seu filme e a supremacia da televisão e do consumo ocorre quando ele mesmo aparece aprisionado dentro desse sistema que faz parte da televisão.

Já que o produto reduz continuamente o prazer que promete como mercadoria à própria indústria, por ser simples promessa, finda por cindir com a propaganda, de que necessita para compensar a sua fruibilidade. [...] Entricheira-se na propaganda o domínio do sistema. Ela reforça o vínculo que liga os consumidores às grandes firmas. [...] Só quem pode pagar as taxas exorbitantes cobradas pelas agências publicitárias é quem já faz parte do sistema.[141]

Max Horkheimer e Theodor W. Adorno registram a utilização desse riso industrial pela sociedade humorística chamada por eles de falsa sociedade. Na falsa sociedade, o riso estaria a serviço do consumo, e não transgredir a ordem, não questionar, não criticar e nem subverter valores. É um riso conformado.

Na falsa sociedade, o riso golpeou a felicidade como uma lebre e a arrasta na sua totalidade. Rir de alguma coisa é sempre escarnecer; a vida que, segundo Bergson, rompe a crosta endurecida, passa a ser, na realidade, a irrupção da barbárie, a afirmação de si que, na associação social, celebra a sua liberação de qualquer escrúpulo. A coletividade dos que riem é a paródia da humanidade [...] o princípio básico consiste em lhe apresentar tanto as necessidades que podem ser satisfeitas pela indústria cultural [...] de modo que o consumidor a elas se prenda, sempre e tão só como eterno

---

[140] COUTINHO, 2003, p. 87.
[141] ADORNO, 2002, p. 208.

consumidor, como objeto da indústria cultural. [...] O divertimento promove a resignação que nele procura se esquecer.[142]

O riso industrial assume o objetivo de manutenção da ordem capitalista existente para promover o consumo. No riso industrial refletem-se, além dos aspectos de consumo, todos os mecanismos risíveis utilizados pela tecnologia para a manutenção de um sistema capitalista, desviando o pensamento para qualquer análise e prática de transformação e melhoria da sociedade.

Nem todo riso usado pelas tecnologias audiovisuais são industriais.

A presença do riso industrial na sociedade não consegue perder a dimensão de outros risos, que são críticos e propõem algo novo. Há, portanto, diferentes risos em construção e convivendo em nossa sociedade. Larrosa, professor de teoria e história da educação da Universidade de Barcelona, aponta a periculosidade do riso. "O riso é, certamente, ambíguo e perigoso [...] só na prova do perigo pode estar a verdadeira salvação."[143] O perigo do riso está em sair da ordem, do controle e das regras preestabelecidas. O riso cria a possibilidade de se ter pensamento próprio, criatividade e autenticidade. Isso significa instabilidade para qualquer sistema de poder.

Alguns risos permitem uma abertura para a consciência e para a criatividade. Essa liberdade permite inovações e descobertas para fazer surgir algo novo e diferente. "É o riso que se encarrega de manter essa tensão dialógica em que a consciência se abre, se desprende e se coloca continuamente para além de si mesma."[144]

Larrosa enfatiza a importância do riso ser um exercício para a construção do pensamento e a desconstrução de conceitos fixados,

---

[142] *Ibidem*, p. 191.
[143] LARROSA, Jorge. *Pedagogia profana*. Belo Horizonte: Autêntica, 2004, p. 181.
[144] *Ibidem*, p. 175.

de verdades absolutas. O riso questiona toda a seriedade e tudo aquilo que se aceita sem nenhuma dúvida. O riso destrói certezas.

> O riso objetiva a mentira patética. Por isso, só pode entender-se em sua relação com essa mentira, com o sério que se converteu em algo pateticamente mentiroso. O que é dinâmico é a combinação de compreensão e incompreensão, de idiotice e de inteligência. O riso polemiza com o sério, entra em contato com o sério, dialoga com o sério, com essa linguagem elevada que pretende envolver o mundo e compreendê-lo e dominá-lo, com essa linguagem canonizada e aceita que não duvida de si mesma. O riso desmascara essa linguagem.[145]

Alguns risos desmascaram a seriedade e a certeza absoluta das coisas. "O riso é um componente dialógico do pensamento sério. E um pensamento essencial da formação do pensamento sério. De um pensamento que, simultaneamente, crê e não crê, que, ao mesmo tempo, se respeita e zomba de si mesmo."[146] O riso permite o enfrentamento das dificuldades, a elaboração da dor humana e a busca por uma maior compreensão da condição finita e temporal dos seres humanos.

---

[145] *Ibidem*, p. 178.
[146] *Ibidem*, p. 170.

Estrada da cruz

Diante do quadro de Bosch, *Cristo Carregando a Cruz*, observo diferentes formas de riso: o irônico, o desesperado e o tranquilo.

Na tela de Bosch, o riso irônico dos personagens que olham para frente e parecem não ver o próximo é eloquente. São as figuras do clérigo e do soldado. Eles parecem representar o riso pertencente ao poder e se percebe nesse riso a arrogância de se acharem superiores a outrem. São figuras que têm a função de subjugar.

No filme *Caindo no ridículo*,[147] é apresentado um exemplo do riso irônico ligado ao poder. É um filme que expressa a arrogância da corte francesa, que, em sua riqueza, luxo e glória, ri dos humilhados. Para o filósofo francês Bergson,[148] estudioso do riso, "o riso não pode ser absolutamente justo. Repetimos que ele também não deve ser bondoso. Sua função é intimidar humilhando. Não conseguiria isso se para esse fim a natureza não tivesse deixado nos melhores homens um fundinho de maldade, ou pelo menos de malícia".[149]

---

[147] *Caindo no ridículo*. Direção: Patrice Leconte. França, 1996.
[148] A filosofia de Bergson está em estrita relação com o positivismo do século XIX e com o espiritualismo francês, com os quais elaborou uma original simbiose. Bergson busca uma superação do positivismo.
[149] BERGSON, Henri. *O riso: ensaio sobre o significado da comicidade*. São Paulo: Martins Fontes, 2001, p. 147.

BOSCH. *Cristo carregando a cruz*, óleo em painel, 76.7 x 83.5 cm, Musée des Beaux-Arts, Ghent, Bélgica, 1490.

Comte-Sponville afirma que a ironia é diferente do humor porque não é uma virtude, é uma arma; é o riso que goza das fragilidades das outras pessoas. Esse é o riso mau, sarcástico, destruidor, o riso da zombaria e do combate. "A ironia fere; o humor cura. A ironia pode matar; o humor ajuda a viver. A ironia quer dominar; o humor liberta. A ironia é implacável; o humor é misericordioso. A ironia é humilhante; o humor é humilde."[150]

---

[150] COMTE-SPONVILLE, 1999, p. 234.

No filme *Os Imperdoáveis*,[151] comparece o riso irônico. Todo o conflito se desenvolve quando uma prostituta ri dos dotes genitais de um freguês que, se sentindo humilhado, corta-lhe o rosto. Neste filme, o riso redunda em consequência dolorosa tanto para quem é alvo do riso, como para quem ri. A falha trágica ocorreu pelo riso irônico incidir em uma limitação ou suposto defeito do sujeito. O falo é sabidamente um símbolo de poder masculino. Para o homem, alguém rir ironicamente de seu órgão genital seria uma grande humilhação. Nesse filme, o riso irônico fere, e não liberta.

O riso que aparece na obra de Bosch corresponde tanto ao da ironia como àquele do humor defendido por Comte-Sponville: "é essencial ao humor ser reflexivo ou, pelo menos, englobar-se no riso que ele acarreta ou no sorriso, mesmo amargo, que ele suscita."[152] A obra de Bosch nos faz refletir sobre as contradições das relações entre a miséria e as figuras representativas de poder. Critica o sofrimento, o ódio e o desprezo dos poderosos em relação à miséria e à injustiça humana. "Podemos gracejar sobre tudo: sobre o fracasso, sobre a guerra, sobre a morte, sobre o amor, sobre a doença, sobre a tortura [...] mas é preciso que esse riso acrescente um pouco de alegria, um pouco de doçura ou de leveza à miséria do mundo, e não mais ódio, sofrimento ou desprezo."[153]

Etimologicamente, a palavra ironia relaciona-se com *ira*. E essa ira, quando se volta contra as formas de opressão, não é degradante, mas sim transformadora. É nesse sentido que é abordado o riso também nas produções de Charles Chaplin. No filme *O Grande Ditador*,[154] Chaplin ironiza e denuncia a opressão do poder autoritário utilizando-se do riso em toda a sua sutileza humorística. Ridiculariza a arrogância do nazismo e expõe a fragilidade e a

---

[151] *Os Imperdoáveis*. Direção: Clint Eastwood, EUA, 1992.
[152] COMTE-SPONVILLE, 1999, p. 233.
[153] *Ibidem*, p. 233.
[154] *O Grande Ditador*. Direção: Charles Chaplin. EUA, 1940.

vulnerabilidade do poder. Trabalha com elementos da ironia e do humor, porque, mais do que raiva, ele expressa um grande amor pela humanidade.

O riso na obra de Bosch revela que há coragem no humor porque este tem algo de libertador, de sublime e de belo. O riso desmascara a tristeza, o ódio e a seriedade.

Na obra de Bosch, observa-se também o riso desesperado, representado nas figuras da miséria, da loucura e do sofrimento. Elas se comunicam com o olhar e apresentam um riso grotesco, revelador da realidade. "O grotesco engendra o riso porque ele atinge a essência das coisas, desvela a natureza profunda do ser. O grotesco é um mergulho violento no mundo das aparências."[155] Esse mergulho nos revela o lado sombrio da realidade. Seria um riso de horror, um riso perturbador. O riso grotesco projeta luz sobre o lado cruel e absurdo do homem de todos os tempos.

O método de construção das imagens grotescas procede de uma época muito antiga: encontramo-lo na mitologia e na arte arcaicas de muitos povos. A origem do nome grotesco se relaciona com um tipo de pintura encontrada em escavações feitas em Roma, em fins do século XV. "Foi chamada de *grottesca*, derivado do substantivo italiano *grotta* (gruta). [...] Essa descoberta surpreendeu os contemporâneos pelo jogo insólito, fantástico e livre das formas vegetais, animais e humanas que se confundiam e transformavam entre si."[156] Esse achado propiciou a vitalidade futura e produtiva para as imagens grotescas.

Na obra de Bosch, há a mistura do animalesco e do humano, o que resulta no monstruoso. As figuras humanas desordenadas e desproporcionais como características importantes do riso grotesco.

---

[155] MINOIS, 2003, p. 535.
[156] BAKHTIN, Mikhail. *A cultura popular na Idade Média e no Renascimento*. São Paulo: Hucitec; Brasília: Editora UnB, 1999, p. 28.

Para Wolfgang Kaiser, escritor alemão estudioso do grotesco, o riso nasce daquele sorriso em que há ainda alguma dor.

O grotesco, na obra de Bosch, rompe com os padrões clássicos de pintura. O estilo grotesco foi considerado em alguns momentos da história como uma violação das formas e proporções naturais. "Enquanto reinava o cânon clássico nos domínios da arte e da literatura, o grotesco, ligado à cultura popular, estava separado dela e, ou se reduzia ao nível do cômico de baixa qualidade ou caía na decomposição naturalista."[157]

O riso grotesco mobiliza o universo caótico do humano e revela o caráter enganador da estabilidade do mundo. "Quanto mais o espírito está seguro [...] mais o homem desaprende a gargalhada – que é necessária para sair da verdade séria, da crença na razão e da positividade da existência."[158] O riso, aqui, representa a integração e a consciência do ser para que se possa ir mais além. "O defeito não faz rir enquanto defeito, e sim porque, enquanto desvio da ordem, nos revela o 'outro lado' do ser."[159]

O riso grotesco se alterna com a ironia. O riso irônico, debochado, raivoso, com finalidade moralizante e conservadora, que zomba dos vícios e das coisas novas, é sucedido por um riso inquieto e perturbador, que provoca mal-estar.

O riso nessa obra de Bosch não se limita a rir do que seja inferior e atípico, não se limita a criticar os vícios e os comportamentos desviantes e a rir do outro com significado de depreciação. Percebem-se nela características do riso grotesco, em que o humor critica a realidade do mundo pela deformidade dos rostos e das figuras miseráveis. "O humor não se dirige contra fenômenos negativos isolados da realidade, mas contra toda a realidade, contra o mundo perfeito e acabado. O perfeito é aniquilado como tal pelo

---

[157] BAKHTIN, 1999, p. 29.
[158] ALBERTI, 2002, p. 15.
[159] *Ibidem*, p. 202.

humor [...] não temos nada estável à nossa volta."[160] A estabilidade seria desconstruída pelo riso.

O riso grotesco nos leva a ter um olhar novo sobre o mundo que se desestrutura e se decompõe de forma monstruosa e ridícula. "Diante desse mundo instável, incerto, desconcertante, o espírito hesita e, se decide pelo riso, é um riso seco e sem alegria."[161]

A função da loucura na obra de Bosch libera o homem para relativizar seus valores, suas posturas e seus pensamentos. Criaria as condições para uma nova forma de ver e estar no mundo. Essa loucura faz descobrir o caráter relativo e limitado do homem. Destrói "a seriedade unilateral e as pretensões de significação incondicional e intemporal e liberam a consciência, o pensamento e a imaginação humana, que ficam assim disponíveis para o desenvolvimento de novas possibilidades".[162]

O sofrimento é caracterizado pelo desespero do olhar, pela falta de dentes, pelas figuras feias e distorcidas. No riso grotesco, emerge o mal-estar, a inquietação e até o medo está associado a ele. O riso grotesco "desmascara o que há de bruto e de bestial no homem, explora o fantástico [...] o riso aparece no choque entre a fantasia e o medo".[163] Esse riso retrata a desordem e o caos. Rimos por estranhá-los e por não aceitarmos a situação revelada pelo sofrimento. "O riso grotesco surge de uma reação de medo diante da realidade que por momentos se deforma, perde sua estrutura tranquilizadora, tornando-se monstruosa."[164]

Na obra de Bosch, os diferentes risos da ironia, do humor e do grotesco permitem relativizar e criticar a ordem existente. Aqui, o riso "Permite olhar o universo com novos olhos, compreender até que

---

[160] BAKHTIN, 1999, p. 37.
[161] MINOIS, 2003, p. 94.
[162] BAKHTIN, 1999, p. 43.
[163] MINOIS, 2003, p. 535.
[164] *Ibidem*, p. 94

ponto é relativo tudo o que existe, e, portanto, permite compreender a possibilidade de uma ordem totalmente diferente do mundo."[165]

Na obra, os sentidos se revelam pelo contraste entre o lado luminoso e o lado obscuro. A sombra se opõe à luz. A sombra simboliza "tudo o que o sujeito recusa reconhecer ou admitir e que, entretanto, sempre se impõem a ele, como, por exemplo, os traços de caráter inferiores ou outras tendências incompatíveis".[166] A luz implica maior consciência da sombra. Ao assumi-la, permite sua evidência e converte o aspecto sombrio em benéfico: a consciência do contrário é difícil de vivenciar e é mais rica de possibilidades. A luz, nessa obra de Bosch, se relaciona com a obscuridade, completando-a e alternando-a: "sua significação é que assim como acontece na vida humana em todos os seus níveis, uma época sombria é sempre seguida, em todos os planos cósmicos, de uma época luminosa, pura, regeneradora."[167]

Na obra de Bosch, ele revela o lado feio, a sombra e, também, a luz e a leveza. O riso tranquilo surge nos rostos iluminados e contrasta com o aspecto sombrio da obra. Esses rostos estão com os olhos fechados e expressam tranquilidade e leveza. Essa transfiguração de expressões para o aspecto luminoso da obra cria expectativas de mudanças e de construção de um novo mundo. "O homem encontra-se consigo mesmo, e o mundo existente é destruído para renascer e renovar-se em seguida. Ao morrer, o mundo dá a luz. No mundo grotesco, a relatividade de tudo que existe é sempre alegre, o grotesco está impregnado da alegria, da mudança e das transformações."[168] O sofrimento do Cristo que carrega a cruz se oferece como morte e renovação, inseparáveis da vida, e supera o temor pela incidência da luminosidade.

---

[165] BAKHTIN, 1999, p. 30.
[166] CHEVALIER, 1999, p. 843.
[167] *Ibidem*, p. 567.
[168] BAKHTIN, 199, p. 42.

Para Bergson, o cômico é propriamente humano. O riso pressupõe entendimento prévio e cumplicidade com quem ri. O riso tem uma função social e é um gesto social. "Não saborearíamos a comicidade se nos sentíssemos isolados. Parece que o riso precisa de eco. [...] Nosso riso é sempre um riso de um grupo."[169]

Para Bergson, o que há de risível é a quebra da rigidez do mecânico. Quando algo sai do padrão, do convencional, do estabelecido, do habitual, leva ao riso. O riso exerce uma função útil. "O riso é simplesmente efeito de um mecanismo montado em nós pela natureza ou [...] por um longuíssimo hábito da vida social."[170] O exagero e a deformidade na obra de Bosch permitem essa quebra de rigidez do mecânico. Bergson afirma que uma das funções do riso é a correção: "O riso é, acima de tudo, uma correção. Feito para humilhar, deve dar impressão penosa à pessoa que lhe serve de alvo."[171] Acrescento a de Bergson que o riso corrige não só quem é objeto dele, mas afeta, também, a todos os que riem.

Os filmes *Feios, sujos e malvados*[172] e *O príncipe dos mendigos*[173] retratam o riso grotesco, ricto desesperado da miséria humana. Esses filmes representam a reprodução da relação de exploração do sistema político e econômico no cerne da população miserável, a perda de valores, de princípios e de dignidade humana. São miseráveis querendo derrubar, massacrar e dominar outros desafortunados por meio da corrupção, da infidelidade, da violência. O riso aparece para pensarmos e termos consciência sobre o lado podre e miserável do ser humano. Em tais filmes, é preciso que o riso nos faça perceber o lado obscuro, grotesco e miserável de nossa existência, para se tornar transformador.

---

[169] BERGSON, 2001, p. 5.
[170] *Ibidem*, p. 146.
[171] *Ibidem*, p. 146.
[172] *Feios, sujos e malvados*. Direção: Ettore Scola. Itália,1976.
[173] *O Príncipe dos mendigos*. Direção: Menahem Golan. EUA, 1989.

Caminhos do riso

O psicanalista freudiano Daniel Kupermann afirma que, para Freud, o horror terminou por ganhar primazia sobre o riso, a angústia sobre a alegria; o elogio freudiano do humor sendo a exceção. Kupermann defende que o riso se coloca a serviço de uma ilusão criativa. Para ele, o riso é feito de processos sublimatórios. O sentido da sublimação enfatiza seu caráter de potência criativa. O riso é uma forma de sociabilidade na qual não há a imposição da proibição, do pensamento e do desejo. O riso se torna importante porque antes que os significados se tornem palavras, o mundo se torna sentido de acordo com a maneira pela qual nos afeta e pela qual nós nos afetamos.

O riso grotesco do filme *Feios, sujos e malvados* é retratado no cotidiano de uma família que mora num barraco em uma favela de Roma em um ambiente de miséria. Giancito mora com a esposa, os dez filhos, as noras e os genros, os netos, a mãe e outros parentes em um mesmo cômodo. Uma prostituta vive e dorme com ele na mesma cama que sua mulher. O filme focaliza a precariedade e o lado degradante da vida humana. Os personagens parecem se odiar, mas não conseguem viver um sem o outro; estão sempre unidos em sua miséria. Vivem no meio de ratos, da sujeira e do esgoto aberto. Há todo um desajuste social dentro da família. Há violência doméstica, roubo, infidelidades, traições, tentativa de assassinato. Há estupros, agressões físicas, tiros e facadas no ambiente familiar. Não há privacidade e tudo é encarado pelos habitantes da casa com naturalidade, de forma habitual e normal. As crianças vivenciam toda essa situação e são acostumadas desde pequenas com isso. Há precariedade no trato e no cuidado com as crianças.

No filme *Feios, sujos e malvados*, o lado animal do homem supera o humano. Os personagens são guiados pelos impulsos libidinosos, carnais e escatológicos. As pessoas são figuradas em relações sexuais, em suas necessidades fisiológicas e comendo de forma grosseira no meio da sujeira. Existe disputa pelo pouco dinheiro que possuem. As pessoas para sobreviverem roubam e enganam os outros. Aproveitam-se da esclerose da avó para roubar o dinheiro de sua aposentadoria. Um explora o outro. A opção de sobrevivência para as mulheres é tornarem-se prostitutas, catadoras de lixo ou empregadas domésticas. As pessoas aparecem como egoístas, cada uma buscando os seus interesses próprios. Acordam no meio da noite para brigar. A solidariedade não existe. Unem-se apenas quando se organizam para destruir, matar e roubar. As autoridades e a polícia mostram-se negligentes em relação a elas. Alguns personagens cantam e bebem para fugir da realidade em que vivem e como solução para esquecer os problemas. No almoço de comemoração de um batismo, onde há um clima de paz e de solidariedade, alguns personagens colocam veneno de rato na comida do outro. O sonho de uma vida melhor é vislumbrado pelo mundo bonito apresentado nos comerciais de televisão, em que o dinheiro, o luxo e o conforto reproduzem realizações e felicidade. O consumo é a solução para eles saírem daquela realidade opressora: "Compre e será feliz". Ao final do filme, a menina grávida representa a perpetuidade e a continuação dessa vida miserável. Na obra de Bosch, as figuras distorcidas e desesperadas se assemelham às figuras miseráveis desse filme por apresentarem características que fazem parte do universo dos bufões.

As características dos personagens do filme *Feios, sujos e malvados* sugerem bufões ao representarem o lado grotesco do ser humano pelo exagero, que revela a deformidade humana e os seus vícios.

O bufão funciona como o bode expiatório da sociedade ou da própria pessoa que o encarna, que não é capaz de assumir-se em todo o lado incômodo do ser humano. "O bufão é um fator de progresso e de equilíbrio, sobretudo quando nos desconcerta, pois obriga a buscar a harmonia interior num nível de integração superior. Ele não é um personagem cômico, é a expressão da multiplicidade íntima da pessoa e de suas discordâncias ocultas."[174]

---

[174] CHEVALIER, 1999, p. 148.

O riso grotesco do bufão, no filme *Feios, sujos e malvados*, não deve ser rejeitado ou condenado. Ele terá que ser compreendido para possibilitar uma nova ordem, mais compreensiva e mais amorosa.

Para Kaiser, no conceito de grotesco se encontra "a deformação nos elementos, a mistura dos domínios, a simultaneidade do belo, do bizarro, do horroroso e do nauseabundo, sua fusão num todo turbulento".[175] De acordo com Kaiser, o riso grotesco corresponde a uma forma nova de combinação entre o cômico, o ridículo e o bufão e o outro aspecto do grotesco constituído pelo disforme, pelo horroroso. "Na representação provocadora de riso e desfigurada, reina um apelo, um chamado à transformação."[176]

A sensação de que a arte tenha vida deve estar acima dos aspectos de beleza e feiura. O humor constitui parte essencial do grotesco. "É preciso amar a humanidade para penetrar na essência particular de cada um."[177] Seria necessário mergulhar no demasiado belo e no demasiado feio para ser possível compreender o humano. Na obra de Bosch, o belo e o feio convivem no mesmo espaço.

Os aspectos do grotesco não se esgotam com o cômico-burlesco e o monstruoso-horroroso. O grotesco abandona o modo de conceber que só vê a forma externa bela, e passa a enxergar as coisas em suas relações profundas obscuras e luminosas.

O filme *O príncipe dos mendigos* se baseia na peça *Ópera dos três vinténs*, do dramaturgo alemão Bertolt Brecht, que, também, foi diretor e teórico de teatro. O filme utiliza uma técnica teatral de Bertolt Brecht chamada "efeito de distanciamento". No teatro, distanciar seria despertar uma atitude crítica no espectador daquilo que está sendo representado. Para Gerd Bornheim, filósofo brasileiro, estudioso de Brecht, "a chave de todo trabalho de Brecht está na

---

[175] KAISER, Wolfgang. *O grotesco*. São Paulo: Perspectiva, 1986, p. 75.
[176] *Ibidem*, p. 62.
[177] *Ibidem*, p. 84.

palavra distância [...] entre o espectador e o palco, entre o ator e o personagem".[178] Há uma quebra da "quarta parede", isto é, elimina-se a separação entre filme e espectador com a figura do narrador que fala diretamente para o público. Todos os elementos cênicos, a música, o texto, o ator, o cenário, não induzem os espectadores à ilusão, não visam à criação da empatia entre o espectador e o filme ou a peça teatral. O efeito de distanciamento tem a função de fazer que o espectador não se envolva emocionalmente com o filme e pense a respeito da realidade representada. No filme *O príncipe dos mendigos*, observa-se a exploração entre os próprios mendigos e o funcionamento da sua organização criminosa. O príncipe dos mendigos, personagem principal, é o mais bem vestido entre os mendigos e lidera uma quadrilha que rouba e assassina. Esse príncipe, protegido pela polícia corrupta, apresenta uma vida cheia de traições e infidelidades. O riso grotesco desse filme o diferencia de *Feios, sujos e malvados* pelo seu caráter, aparentemente, mais inofensivo, festivo e alegre.

Comte-Sponville diz que "é ridículo levar-se a sério. Não ter humor é não ter humildade, é não ter lucidez, é não ter leveza, é ser demasiado cheio de si, é estar demasiado agressivo, é quase sempre carecer de generosidade, de doçura, de misericórdia."[179]

A obra de Bosch apresenta contrastes entre os diferentes personagens. Esses contrastes nos risos libertam do medo e permite alegria à obra. O humor grotesco "libera de tudo que nele pode haver de terrível e atemorizador, torna-o totalmente inofensivo, alegre e luminoso [...] a liberdade absoluta que caracteriza o grotesco não seria possível num mundo dominado pelo medo".[180]

---

[178] BORNHEIM, Gerd. *Brecht: a estética do teatro*. Rio de Janeiro: Graal, 1992, p. 69.
[179] COMTE-SPONVILLE. 1999, p. 229.
[180] BAKHTIN, 1999, p. 41.

Estrada da festa

No quadro *O Enterro da Sardinha*, de Goya, as pessoas, interrompendo o cotidiano, manifestam a alegria de viver e celebram a vida. A festa seria uma figuração imaginária de uma realidade desejada. O grupo que dança estaria representando ou comemorando algum acontecimento importante. O riso se relaciona com a manifestação do prazer de participar dessa comemoração importante para a vida dessas pessoas, que se sentem parte de um grupo.

Numa festa, um dos objetivos principais é a comemoração (com-memória). Essa festa tem uma relação com o tempo, com a celebração de algo guardado na memória e compartilhado por todos. A festa se torna tradição quando passa de geração a geração, transmitida pela oralidade e pela vivência. Todos compartilham o acontecimento ou fato importante para suas comunidades. O riso festivo apresenta aspectos que se relacionam com a construção da memória de todos e de cada um. Existe na festa o "recordar", o ato de fazer retornar ao coração as experiências passadas (*cordis*, do latim: coração). A festa está estreitamente ligada à vida social, política, econômica e religiosa de determinada localidade.

Para Gustavo Côrtes, estudioso da cultura brasileira, as festas revivem um acontecimento e se relacionam com a tradição por ser de aceitação integral, coletiva e espontânea. Elas "resgatam e perpetuam no imaginário coletivo traços culturais dos nossos

Clara Rosa Cruz Gomes 85

Francisco Goya. *O enterro da sardinha*. Óleo em Painel.
82,5 centímetros x 62 centímetros. Academia Real de Bellas Artes de
San Fernando, Madrid, Espanha, 1813–1814.

antepassados. O elemento básico para a sua instauração como realização coletiva e popular é sua tradição."[181]

Côrtes afirma que as danças nas festas brasileiras são manifestações de essência da manifestação popular. As danças de caráter profano, sagrado, dramático, guerreiras ou teatrais ocorrem durante as diversas comemorações.

As festas brasileiras populares incorporam o sincretismo dos diálogos e conflitos entre várias culturas: a ibérica, a africana e a indígena. Elas se relacionam com a memória pelos mitos que revivem, pelas suas histórias, pelas suas crenças e pelos seus valores. Elas ganham sentido a partir da compreensão de seus significados, do que elas representam, da identidade que une os participantes, do riso, do prazer e da liberdade que elas proporcionam.

As festas como manifestações da cultura popular acompanham as modificações da sociedade em que estão inseridas. Elas fazem parte dos diversos modos de pensar, sentir e agir de um povo, e refletem o contexto sociocultural historicamente construído.

Para Maria-Gabriele Wosien, estudiosa de mitos e ritos, quando um rito como a festa se transforma em mero espetáculo, é destruído seu poder universal e se desintegra de sua característica primordial de uma vida nova. O espetáculo passa a ser uma forma mecânica, repetitiva e sem sentido. "Quando o rito se transforma em mero espetáculo [...] a religião se separa da dança, a arte do trabalho; o sagrado torna-se entretenimento profano e os antigos rituais, relegados para as margens de uma nova vida, degeneram em costumes sociais, transformando em jogos e danças folclóricas."[182]

Há festas que apresentam características comuns à visão primitiva do tempo, é cíclica, não linear: uma sucessão infinita de nascimentos e mortes, quer dizer, sempre um fim para um eterno

---

[181] CÔRTES, Gustavo. *Dança, Brasil!* Belo Horizonte: Editora Leitura, 2000, p. 14.
[182] WOSIEN, Maria-Gabriele. *Danças sagradas*. Rio de Janeiro: Edições Del Prado, 1997, p. 14.

recomeço. No Brasil, há festas de ciclos natalino, junino e carnavalesco. As festas em homenagem ao Divino e as festas em torno do boi ocorrem nos três ciclos, em diferentes regiões do Brasil.

O ciclo natalino comemora o nascimento de Jesus Cristo e nele destacam-se as pastorinhas, as folias de reis, os reisados. Esses autos tiveram origem na Idade Média. "A linguagem simples e o enredo fácil de ser compreendido fizeram desses teatros uma importante forma de catequização dos índios brasileiros pelos padres jesuítas portugueses."[183]

A Festa do Divino é uma das mais tradicionais festas católicas do país. Faz homenagem ao Divino Espírito Santo e ocorre em quase todos os estados brasileiros. Sua importância cultural está em suas variadas formas de manifestações religiosas: novenas de Pentecostes, missas e procissões que ocorrem simultaneamente às folias, folguedos e teatros dos quais toda a população das cidades que promovem a festa participa. Passado cinquenta dias da Páscoa, inicia-se as comemorações do Divino. Na bandeira carregada à frente de um cortejo, há a figura de uma pomba, representando o Divino Espírito Santo. Os foliões seguem o cortejo cantando, dançando e tocando instrumentos musicais. As danças mais importantes e que se destacam são as cavalhadas, o moçambique, o pau de fita e as pastorinhas.

A origem das festas carnavalescas remonta às celebrações do deus Baco, ou Dioniso, consagradas à fertilidade e ao vinho nos chamados bacanais da Grécia e da Roma antiga. Nesse culto "tinham lugar ritos orgiásticos, durante os quais o iniciado se abandonava por completo à sua natureza instintiva e, por conseguinte, à experiência plena do poder criativo de deus. O agente iniciador era o vinho e um dos múltiplos símbolos do culto era o bastão, coroado por um cone fálico".[184]

---

[183] CÔRTES, 2000, p. 19.
[184] WOSIEN, 1997, p. 19.

Caminhos do riso

No Brasil, o carnaval absorveu o batuque, a celebração de ritmo e dança do negro, destacando-se o samba e o frevo. "O carnaval europeu apresentou entrelaçamento com elementos oriundos da raça negra e acabou por dotar o festejo brasileiro de seu aspecto único e diferente no mundo, sinônimo de alegria e pujança."[185]

Nas festas juninas, comemoram-se os festejos em homenagem aos três santos do mês: Santo Antônio, São João e São Pedro. As fogueiras, símbolo máximo da comemoração, estão relacionadas às tradicionais festas pagãs existentes na Europa antes do cristianismo, realizadas em homenagem aos deuses da fertilidade, em que se comemoravam as boas colheitas e o fim do inverno. Existem inumeráveis ritos de purificação pelo fogo – em geral, ritos de passagem – característicos das culturas agrárias. "Com a ascensão do catolicismo, a Igreja tentou acabar com as festas profanas, mas não tendo sucesso associou-as aos santos existentes no período. [...] A atração pelo fogo usado nas festividades desse santo facilitou o processo de catequização dos nativos brasileiros pelos padres."[186]

A festa do auto do boi, no Brasil, tem sua particularidade manifestada por suas cores, danças e músicas. A origem dessa festa se relaciona ao fato de o boi ser "um personagem sempre presente no processo de colonização, por constituir importante fonte de renda, sendo, dessa forma, um ponto comum de interesse. Consequentemente, surgiram lendas, narrativas e cultos em torno da figura do boi".[187] Acredita-se, também, que os negros africanos que vieram escravizados para o Brasil trouxeram a adoração ao boi, em cuja comemoração acontecia a morte e a ressurreição do deus. "Os jesuítas também contribuíram para a sua divulgação através da catequização dos povos indígenas, com a realização de pequenas

---

[185] CÔRTES, 2000, p. 20.
[186] Ibidem, p. 22.
[187] Ibidem, p. 26.

apresentações de enredo acessível, em que o bem invariavelmente vencia o mal."[188]

Retornando ao quadro de Goya, a festa aguça todos os sentidos humanos pela busca do prazer proporcionado a eles.

O elemento visual seria todo o aspecto estético da festa: as cores, as formas e a distribuição dos elementos que a compõem, de grande significado simbólico para os participantes. Para Harvey Richard Schiffman, estudioso da sensação e da percepção humana, os sentidos são fundamentais para a própria sobrevivência da espécie. O aspecto visual proporciona "efeitos estéticos e emocionais, influenciados por associações e preferências. [...] Chamam nossa atenção, chegando mesmo, muitas vezes, a monopolizá-la, realçam o mundo, instigam nosso senso estético e, o mais importante, fornecem informações".[189]

Na festa de Goya, há a estimulação do paladar e do olfato pela abundância de comida representada. Durante as festas, todos os sentidos do ser humano, vitais para a sobrevivência, são estimulados e remetem ao prazer.

No filme *A Festa de Babette*,[190] ocorre um banquete em um pequeno povoado. O paladar durante essa festa é aguçado e quebra a rigidez da cultura das pessoas pelo prazer de deleitar os alimentos e as bebidas oferecidos por Babette. O filme narra a vida de duas irmãs que são filhas de um pastor. Elas vivem em uma pequena vila na Dinamarca. Babette é uma refugiada da guerra civil ocorrida na França e vai trabalhar na casa dessas irmãs como governanta. Na festa do centenário de nascimento do falecido pastor, Babette é autorizada a realizar um desejo: preparar um delicioso banquete à francesa, e ela o faz com muita competência e fartura. Tal banquete

---

[188] *Ibidem*, p. 26.
[189] SCHIFFMAN, Harvey Richard. *Sensação e percepção*. Rio de Janeiro: LTC, 2005, p. 84.
[190] *A Festa de Babette*. Direção: Gabriel Axel. Dinamarca, 1987.

rompe o receio de vivenciar o novo para as pessoas do povoado e quebra a rigidez e o conservadorismo existentes na comunidade. O prazer no deleitar o banquete suaviza sentimentos e pensamentos. Os rostos endurecidos dos personagens, à medida que transcorre o banquete, se suavizam e expressam leveza. A festa transgride o hábito e o cotidiano daquelas pessoas, transforma a vida delas e reforça a integração. As pessoas lembram momentos importantes de suas vidas e as suas máscaras caem extravasando seus sentimentos escondidos e reforçando a afetividade entre todos. Terminado o banquete, na rua, elas se dão as mãos, fazem uma ciranda e cantam.

Bakhtin acredita que a partir da metade do século XVII assiste-se a um processo de redução, falsificação e empobrecimento progressivo das formas dos ritos festivos em virtude de a festa ser relegada à vida privada, doméstica e familiar. "Os antigos privilégios da praça pública em festa restringem-se cada vez mais. A visão do mundo carnavalesco, particular, com seu universalismo, suas ousadias, seu caráter utópico e sua orientação para o futuro, começa a transformar-se em simples humor festivo."[191] A festa de Babette seria uma festa doméstica e familiar numa pequena comunidade, entretanto, ela não corresponde às afirmações de Bakhtin porque traz elementos transgressores para a construção de uma nova ordem e realidade.

O prazer relacionado aos sentidos e às percepções proporcionado pelas festas mobiliza lembranças guardadas na memória. Uma comida, uma música, uma dança, a beleza de um lugar, tudo faz as pessoas recordarem momentos alegres e divertidos. "A memória para os odores é acurada, sendo em certos casos superior à memória para estímulos visuais. Além disso, em condições apropriadas, os odores associados a eventos e a objetos funcionam como pistas mnemônicas eficazes."[192]

---

[191] BAKHTIN, 1999, p. 30.
[192] SCHIFFMAN, 2005, p. 357.

A memória, para alguns sentidos humanos, deve-se grandemente às associações emocionais e às ocorrências desses sentidos em certos contextos emocionais. Os sentidos quando estimulados são capazes de nos excitar emocionalmente. "É comum observar uma marcante alteração na expressão facial de alguém que é exposto a um mau cheiro [...] de modo similar, odores geralmente apresentados em situações agradáveis e relaxadas são capazes de gerar depois uma sensação de bem-estar."[193]

Na obra de Goya, verificamos que a dança é uma atividade comunitária, na qual se unem as cores, o som, o ritmo, o movimento e o riso festivo. A dança expressada descarrega as tensões psicológicas, no jogo dos membros do corpo, que desemboca em movimentos ritmicamente regulados, no bater de palmas e no movimento dos pés.

Nas festas, a audição é o principal sistema sensorial estimulado pelas músicas e pelas danças. Os sons que ouvimos são criados por uma forma de energia mecânica. Nas festas, os sons apresentam mudanças e variações na amplitude, na intensidade e no timbre. "As ondas sonoras se caracterizam por variações de frequência que estão relacionadas à experiência psicológica do que é auditivamente percebido; a amplitude, ou intensidade, está relacionada com o volume; e a complexidade, com o timbre."[194]

Na festa da obra de Goya, observa-se o contato físico entre os participantes, percebido pelo sentido da pele, ou seja, pelo sentido cutâneo. Ao se tocarem ou serem tocados, troca-se afeto, percebe-se o outro, sente-se frio ou calor e experimentam-se sensações prazerosas ou dolorosas. "No entanto, a sensibilidade cutânea não se restringe a esses eventos sensoriais gerais. Também somos capazes de experimentar sensações complexas e misturadas."[195]

---

[193] *Ibidem*, p. 352.
[194] *Ibidem*, p. 250.
[195] *Ibidem*, p. 300.

No quadro de Goya, a dança proporciona uma integração do mundo interno com o mundo externo. Com a dança, um outro sentido humano se manifesta: o sistema de orientação, equilíbrio e consciência do movimento corporal. Diferentemente das sensações do que se vê, se ouve, se toca, se saboreia e se cheira, as sensações de orientação e de movimento corporal, muitas vezes, passam despercebidas.

Para Wosien, a dança seria a expressão artística mais antiga do homem, a qual expressa sua experiência de vida. "O homem primitivo dança em qualquer ocasião: por alegria, por dor, por amor, por medo; ao amanhecer, na morte, no nascimento. O movimento de dança proporciona-lhe um aprofundamento de sua experiência."[196]

A dança, no quadro de Goya, concebe a recriação dos acontecimentos da vida e da maravilha da existência numa representação rítmica e com variada abundância de formas imaginadas. Reflete o drama da vida com suas próprias formas criadas.

A festa na tela de Goya representa um tempo outro, o tempo sagrado, eterno e intemporal, que se referiria ao aqui e agora. O homem, ao tornar-se uno com toda a criação, experimentaria alegria de viver. Seria um momento vital de êxtase. "A mente se encontra no estado crepuscular, além do pensamento e da vontade, onde há algo que a move, da mesma forma como, em nossos melhores momentos, experimentamos a sensação de estarmos imbuídos da vida."[197]

Para Wosien, a dança ritual na maioria das épocas e para a maioria dos povos constituiu uma preocupação vital, e dela surgiram posteriormente todas as artes. A dança deteria forte poder simbólico de rememoração e comemoração de experiências calcadas na realidade.

> O ritual fortalece o crescimento da consciência ao proporcionar-lhe um marco de referência. O ritual da dança de todas as épocas é

---

[196] WOSIEN, 1997, p. 9.
[197] *Ibidem*, p. 11.

um autodelineamento do homem em desenvolvimento; por analogia, impulsiona-o a ultrapassar os confins da consciência e a saltar sobre o abismo existente entre a espontaneidade e a reflexão.[198]

A festa retratada no quadro de Goya seria uma cerimônia sagrada para levar o grupo a uma intensa emoção compartilhada, uma alegria coletiva, pela qual se criaria um poder, e se estabeleceria a comunicação com a divindade superando todo temor. "O homem primitivo vivia num estado de contínuo terror que justificava a perpétua celebração de ritos mágicos, destinados a manter longe os aspectos pavorosos da vida. [...] Por isto, cada fase importante se iniciava com um rito mágico para evitar o mal e favorecer o bem."[199]

As danças, as músicas, as representações, tudo constitui parte integrante da festa operando uma interrupção da vida quotidiana. A festa se relaciona com a representação de um ideal de vida almejado. Diz Bakhtin: "As festividades tiveram sempre um conteúdo essencial. [...] A sua sanção deve emanar não do mundo dos meios e condições indispensáveis, mas daquele dos fins superiores da existência humana, isto é, do mundo dos ideais."[200]

A festa de Goya é espontânea. Quando as festas são obrigatórias, acontecendo por uma simples repetição sem sentido, sem inovação e sem ousadia, o riso desaparece porque perde a dimensão da liberdade, da criatividade e do prazer. A festa de Goya não consagra uma ordem social estável, imutável, nem a perenidade das regras que regem o mundo, típica das hierarquias, dos valores, das normas e de tabus religiosos, políticos e morais. Nessa festa há igualdade e liberdade, e o riso assume relevância. O riso festivo se relacionaria com a liberdade, a coletividade e o desejo de estar juntos e compartilhar a vida.

---

[198] *Ibidem*, p. 14.
[199] *Ibidem*, p. 17.
[200] BAKHTIN, p. 8.

Caminhos do riso

Na tela, a festa se liga à liberdade de se estar festejando, pela ousadia e espontaneidade da brincadeira dos participantes e pela independência e autonomia do grupo em relação a qualquer ordem social externa. Esses fatores levam ao aparecimento do riso.

No quadro de Goya, o riso também seria construído a partir da solidariedade, da relação de amizade e companheirismo, em que a cooperação e a interação de todos os participantes ocupa lugar de destaque. Seria uma construção de paz e de amor. Quando existem brigas entre os participantes, perde-se o sentido da festa. Mesmo nas danças das festas relacionadas com o tema de guerra ocorre o fortalecimento do grupo se há integração entre os participantes.

Há o sentido de coletividade pelo respeito às diferenças e a busca da união e da igualdade entre todos. Essa coletividade seria uma vivência compartilhada pelo contato vivo, material e sensível, "que lhe permitia estabelecer relações novas, verdadeiramente humanas, com os seus semelhantes. A alienação desapareceria provisoriamente. O homem tornava a si mesmo e sentia-se um ser humano entre seus semelhantes".[201] O riso seria compartilhado e construído pela solidariedade.

Na obra de Goya, os organizadores e as lideranças que promovem a festa são eles próprios e há uma manifestação de solidariedade e comprometimento da comunidade com a festa. A dança e a música integram os participantes e o riso envolveria a troca afetiva entre todos.

A festa representada na tela seria a representação da idealização do social e do político, quanto à sociedade ou aos sofrimentos da vida. As comemorações festivas se relacionariam com o ideal de justiça e de felicidade desejada e simbolizada por elas. As festas representariam uma transgressão à ordem vigente. As pessoas que dela participam durante as suas manifestações sentem-se libertas para se fantasiarem e se expressarem fugindo às regras convencionais

---

[201] *Ibidem*, p. 9.

e hierárquicas estabelecidas na sociedade. O riso festivo liberta os indivíduos das normas da ideologia dominante.

No quadro de Goya, a festa homenageia ao mesmo tempo os aspectos luminosos e obscuros da vida. No aspecto obscuro, haveria encontro com a morte, situada nesse ritual de festa. Para Wosien, o mistério da morte constitui um grande desafio que a mente humana enfrenta, e os primeiros cultos que se conhecem são os dos mortos. A morte representada nas danças, no aspecto luminoso, revela o mistério mais profundo da vida para produzir mudanças e transformações. Segundo Wosien, "quando o deus se atém exclusivamente aos aspectos luminosos ou bons, e os aspectos obscuros e malignos se transferem por completo a outro, como na ideia cristã de diabo, é que tem início a proibição da dança".[202]

Na obra de Goya, o riso festivo estaria relacionado com a luta contra a ignorância. Seria uma libertação para a criação, a proteção, a destruição e a transformação que supera a escravidão ou qualquer outra forma de opressão e simboliza a promessa de paz. Na festa da obra de Goya, a utilização de máscara seria facilitadora do processo catártico e de transformação para propiciar um novo nascimento do ser.

---

[202] *Ibidem*, p. 17.

Considerações finais

Este trabalho aborda algumas possibilidades de se refletir o riso. Passamos por inúmeras imagens e sons e dialogamos com inúmeras vozes e pensadores. Pensar em uma conclusão enfática seria desconstruir o próprio significado do riso que relativiza as verdades.

O riso amoroso e democrático acolhe o conflito, o pensamento dialético, a luta contra a opressão. Esse riso tem dimensão dialógica, por isso, importa em questionamentos ilimitados e nos move para a inconformidade e para a transformação contínua. E nos faz aprender com o brincar espontâneo, com a curiosidade geradora de conhecimento, de respeito coletivo e de motivação para a busca de conhecimentos novos. O riso também está ligado à dimensão do sensível: compartilhar um filme, uma música, uma poesia, o vento no rosto, o perfume das flores, o estar próximo e integrado à natureza – experiências que marcam a vida e deixam todos mais felizes.

Vimos que ao longo da história o riso apresentou diferentes funções: ele se manifestou em benefício da transgressão da ordem ou a serviço do poder, o riso marca sua natureza contraditória e ambivalente.

Pensar no riso transformador na contemporaneidade é preencher uma era vazia de sonhos e utopias. Querer esse riso seria refletir sobre os benefícios da tecnologia e, também, em tudo o que ela escraviza, ao impor valores de consumismo exacerbado. Preencher a nossa vida de riso é, assim, um meio de fertilizar os questionamentos e de encarar com energia os desafios permanentes.

Existem infinitas possibilidades de caminhar por mais estradas para encontrar o riso. As estradas que encontrei tecem uma teia. Elas são entrecruzadas entre si. Os entrecruzamentos que ligam as estradas permitem vários sentidos, interpretações e significados em diferentes áreas do conhecimento.

Iconografia

BOSCH, Hieronymus. Cristo Carregando a Cruz. Óleo em painel. Gante, Bélgica, 1490.

GOYA, Francisco de. O Enterro da Sardinha. Óleo em painel. Madri, Espanha, 1813–1814.

LORENZETTI, Ambrogio. Alegoria e Efeitos do Bom Governo na Cidade e no Campo. Afresco. Siena, Itália, 1337–1340.

_____. Alegoria e Efeitos do Mau Governo na Cidade e no Campo. Afresco. Siena, Itália,1337–1340.

PORTINARI, Cândido. Ronda Infantil. Óleo sobre tela. São Paulo, Brasil, 1932.

Filmografia

A ESTRADA da vida. Direção: Federico Fellini. Itália, 1954.
CHICO Fumaça. Direção: Victor Lima. Brasil, 1958.
I CLOWNS. Direção: Federico Fellini. Itália, 1970.
A VIAGEM do Capitão Tornado. Direção: Ettore Scola. Itália,1990.
CIRCO. Direção: Charles Chaplin. EUA, 1928.
A MAÇÃ. Direção: Samira Makhmalbaf. Irã, 1998.
EM BUSCA da Terra do Nunca. Direção: Marc Forster. EUA, 2004.
O NOME da Rosa. Direção: Jean-Jacques Annaud. EUA, 1986.
LADRÕES de sabonete. Direção: Maurizio Nichetti. Itália, 1989.
CAINDO no ridículo. Direção: Patrice Leconte. França, 1996.
OS IMPERDOÁVEIS. Direção: Clint Eastwood. EUA, 1992.
O GRANDE Ditador. Direção: Charles Chaplin. EUA, 1940.
FEIOS, sujos e malvados. Direção: Ettore Scola. Itália, 1976.
O PRÍNCIPE dos mendigos. Direção: Menahem Golan. EUA, 1989.
A FESTA de Babette. Direção: Gabriel Axel. Dinamarca, 1987.

Outras leituras, outras visões

ADORNO, Theodor; HORKHEIMER, Max. "A indústria cultural: o iluminismo como mistificação das massas". In: LIMA, L. C. (Org.). *Teoria da cultura de massa*. São Paulo: Paz e Terra, 2002.

ALBERTI, Verena. *O riso e o risível na história do pensamento*. Rio de Janeiro: Zahar, 2002.

ALMEIDA, Milton José. *Cinema: arte da memória*. Campinas, SP: Autores Associados, 1999.

_____. *Imagens e sons: a nova cultura oral*. São Paulo: Cortez, 1994.

ARISTÓTELES. *Poética*. São Paulo: Imprensa Nacional, 1992.

BAKHTIN, Mikhail. *A cultura popular na Idade Média e no Renascimento*. São Paulo: Hucitec; Brasília: Editora UnB, 1999.

BAUDRILLARD, Jean. *A troca simbólica e a morte*. São Paulo: Loyola, 1996.

BAUMAN, Zygmunt. *Amor Líquido: sobre a fragilidade dos laços humanos*. Rio de Janeiro: Jorge Zahar, 2004.

BENJAMIN, Walter. *Magia e técnica, arte e política*. São Paulo: Brasiliense, 1994.

_____. *Reflexões: a criança, o brinquedo, a educação*. São Paulo: Summus, 1984.

BERGSON, Henri. *O riso: ensaio sobre o significado da comicidade*. São Paulo: Martins Fontes, 2001.

BERTHOLD, Margot. *História mundial do teatro*. São Paulo: Perspectiva, 2001.

BOLOGNESI, Mário F. *Palhaços*. São Paulo: Unesp, 2003.

BORBA FILHO, Hermilo. *Fisiologia e espírito do mamulengo*. Rio de Janeiro: Inacen, 1987.

BORNHEIM, Gerd. *Brecht: a estética do teatro*. Rio de Janeiro: Graal, 1992.

BURNIER, Luís. *A arte secreta do ator: da técnica à representação*. Campinas, SP. Editora da Unicamp, 2001.

CAMPBELL, Joseph. *O poder do mito*. São Paulo: Palas Athena, 1990.

CHEVALIER, Jean; GHEERBRANT, Alain. *Dicionário de símbolos*. Rio de Janeiro: José Olympio, 1999.

COMTE-SPONVILLE, André. *A felicidade, desesperadamente*. São Paulo: Martins Fontes, 2005.

_____. *O ser-tempo*. São Paulo, Martins Fontes, 2000.

_____. *Pequeno tratado das grandes virtudes*. São Paulo: Martins Fontes, 1999.

CÔRTES, Gustavo. *Dança, Brasil!* Belo Horizonte: Editora Leitura, 2000.

COUTINHO, Laura Maria. *Educação da sensibilidade*: encontro com a professora Maria Amélia Pereira. Brasília: Editora UnB, 1996.

_____. *O estúdio de televisão e a educação da memória*. Brasília: Plano Editora, 2003.

ECO, Umberto. *O Nome da Rosa*. Rio de Janeiro: Nova Fronteira, 1983.

FELLINI, Federico. *Fellini por Fellini*. Porto Alegre: L&PM, 1974.

FERRACINI, Renato. *A arte de não interpretar como poesia corpórea do ator*. Campinas, SP: Editora da Unicamp, 2001.

FO, Dario. *Manual mínimo do ator*. São Paulo: Senac, 1999.

_____. "Qu'est qu'un *clown?*" In: FABBRI, J.; SALLÉE, A. (Org.) *Clowns et farceurs*. Paris: Bordas, 1992.

FREIRE, Antônio. *O teatro grego*. Braga: Publicações da Faculdade de Filosofia, 1985.

FREUD, Sigmund. "Os chistes e sua relação com o inconsciente" (1905). *Obras psicológicas completas de Sigmund Freud*. (Edição Standard Brasileira). V. 8. Rio de Janeiro: Imago, 1996.

HUIZINGA, Johan. *Homo ludens*. São Paulo: Perspectiva, 1999.

JUNG, Carl. *O homem e seus símbolos*. Rio de Janeiro: Nova Fronteira, 2002.

KAISER, Wolfgang. *O grotesco*. São Paulo: Perspectiva, 1986.

KUPERMANN, Daniel. *Ousar rir*. Rio de Janeiro: Civilização Brasileira, 2003.

LARROSA, Jorge. *Pedagogia profana*. Belo Horizonte: Autêntica, 2004.

LIPOVETSKY, Gilles. *A era do vazio: ensaio sobre o individualismo contemporâneo*. Barueri, SP: Manole, 2005.

MARCHAND, Pierre. *A música dos instrumentos*. São Paulo: Melhoramentos, 1994.

MINOIS, Georges. *História do riso e do escárnio*. São Paulo: Unesp, 2003.

NIETZSCHE, Friedrich. *Assim falou Zaratrusta*. Rio de Janeiro: Civilização Brasileira, 1998.

PAVIS, Patrice. *Dicionário de Teatro*. São Paulo: Perspectiva, 1999.

PLATÃO. *O banquete*. São Paulo: Rideel, 2005.

PROPP, Vladimir. *Comicidade e riso*. São Paulo: Ática, 1992.

ROTERDAM, Erasmo de. *Elogio da loucura*. Rio de Janeiro: Tecnoprint, 1980.

SCHIFFMAN, Harvey Richard. *Sensação e percepção*. Rio de Janeiro: LTC, 2005.

WOSIEN, Maria-Gabriele. *Danças sagradas*. Rio de Janeiro: Edições Del Prado, 1997.

Sobre a autora

Clara Rosa Cruz Gomes é Mestre em Educação e Bacharel em Interpretação Teatral pela Universidade de Brasília. Possui Licenciatura Plena em Educação Artística pela Faculdade de Artes Dulcina de Moraes. Realiza pesquisas nas áreas de manifestações dramáticas populares e cultura popular brasileira; linguagens teatrais e ensino de teatro.